Lieblings-
plätze
ERZGEBIRGE

Lieblingsplätze

Erzgebirge

GMEINER

Jan Hübler

Autor und Verlag haben alle Informationen geprüft. Gleichwohl wissen wir, dass sich Gegebenheiten im Verlauf der Zeit ändern, daher erfolgen alle Angaben ohne Gewähr. Sollten Sie Feedback haben, bitte schreiben Sie uns! Über Ihre Rückmeldung zum Buch freuen sich Autor und Verlag: lieblingsplaetze@gmeiner-verlag.de

Für meinen Vater Karl-Heinz Hübler

Sofern nicht im Folgenden gelistet, stammen alle Bilder von Jan Hübler: SRM-GmbH, Fotograf Fritz Glänzel 146; Kloster Teplá, PR-Abteilung 182

Dank an Annelie Brux (Radebeul) für ihre Impulse bei der Foto-Auswahl

QR-Code einscannen und kostenloses E-Book anfordern. 

Besuchen Sie uns im Internet:
www.gmeiner-verlag.de

1., überarbeitete Neuauflage 2021

Im Ehnried 5, 88605 Meßkirch
Telefon 07575/2095-0
info@gmeiner-verlag.de

Lektorat/Redaktion: Anja Kästle
Herstellung: Julia Franze
Bildbearbeitung/Umschlaggestaltung: Susanne Lutz
unter Verwendung der Illustrationen von © Bojanovic78 – stock.adobe.com; © SimpLine – stock.adobe.com; © Trueffelpix – stock.adobe.com; © SylwiaNowik – stock.adobe.com; © Susanne Lutz
Kartendesign: Kim-Anna Bucher / Susanne Lutz
Druck: AZ Druck und Datentechnik GmbH, Kempten
Printed in Germany
ISBN 978-3-8392-2927-9

MITTLERES ERZGEBIRGE

OBERES ERZGEBIRGE

WESTERZGEBIRGE

TOUREN NACH BÖHMEN

Schwibbogen in Tannenberg

PULTSCHOLLE MIT CHARAKTER

Einleitung

Vertikal betrachtet kommt dieses Mittelgebirge unauffällig daher, und doch bestimmen »Hübel« und Täler die Landschaft. Die gewaltige tektonische Platte des Erzgebirges ist an die 8.000 Quadratkilometer groß, wovon 6.000 auf die sächsische Seite entfallen, knapp 2.000 auf das nordböhmische Krušné hory. Das Erzgebirge erstreckt sich von den nördlichen Eingangstoren Zwickau, Chemnitz und Dresden nach Süden, steigt aus dem Tiefland ganz allmählich bis auf 900 Meter an. Der runde, sanft hügelige Hauptgebirgskamm zieht sich vom Osterzgebirge bei Bahratal (unmittelbar an die Sächsisch-Böhmische Schweiz angrenzend) in südwestlicher Richtung über 160 Kilometer Luftlinie bis hin zum vogtländischen Elstergebirge bei Schöneck. Auf böhmischer Seite fällt das Erzgebirge in markanten Steilhängen mehrere Hundert Höhenmeter zur Tiefebene der Eger ab. Diesen Steilabfall nehmen deutsche Reiseführer zuweilen zu wörtlich, indem sie den böhmischen Teil völlig ignorieren. Als ob das Erzgebirge auf dem Kamm an der deutschen Grenze schlagartig aufhört zu existieren. Den Gegenbeweis treten einmal mehr die in diesem Buch beschriebenen Touren – Tagesausflüge – auf die böhmische Seite an.

Das Erzgebirge ist das am dichtesten besiedelte Mittelgebirge Europas, oft beträgt der Abstand zwischen den Dörfern nur ein bis zwei Kilometer, umso erstaunlicher sind die unterschiedlichsten Dialekte. Im Prinzip gibt es von Dorf zu Dorf eine Lautverschiebung, da muss man allerdings sehr genau hinhören. Eine typische Aussage über die Region gefällig? »Wo de Hasen Hosen haaßen und de Hosen Hußen haaßen.« Wie ist der Erzgebirgler vom Wesen her, was macht ihn aus? Typisches Klischee: Ein Mann sitzt in Lederhuß mit Hußenträgern Pfeife rauchend auf der Ofenbank, am Wandhaken der grüne Filzhut. Also ich habe noch kein solches Original leibhaftig gesehen, aber es ist ein schönes Bild.

Der Erzgebirgler ist »zsammnammsch«, das heißt, er kann sich gut zusammennehmen, ist extrem sparsam, kann aus dem Nichts etwas machen, er kann gut wirtschaften und gibt nicht gerne Geld aus – nicht zu verwechseln mit geizig! Geldverdienen ist bis heute ein Problem im Erzgebirge, es gibt nicht wirklich viele gut bezahlte Arbeitsplätze. Erzgebirgler gelten als aufgeschlossen, kommunikativ, gesellig und gastfreundlich, sie mögen Besuch, die Gemütlichkeit, ihr Zuhause und ihre Heimat. Mag sein, dass Natur und Landschaft als größte Stärke für diese lebenswerte Region sprechen.

Neben dem Wald- und Holzreichtum war das Erz im Berg der Schatz in dieser ansonsten kargen Landschaft. Das Silber hat im 11. Jahrhundert ein großes »Berggeschrey« ausgelöst, Tausende Siedler angezogen und einige Städte überdurchschnittlich wachsen und prächtig gedeihen lassen. Viele Gebirgsstädte sind Perlen in einer Landschaft, die heute vor allem als Wander-, Radfahr- und Skilanglaufparadies gilt. Wenn das Wetter partout nicht mitspielen sollte, dann bietet es sich an, sich auf die Spuren des jahrhundertelangen Bergbaus zu begeben, in Museen oder Stollenanlagen.

Das ist überhaupt die Frage: Wie nähert sich der interessierte Reisende am besten dieser ausgedehnten Region an? Es gibt auf sächsischer Seite im Wesentlichen vier Teilgebiete, in deren Mitte sich jeweils ein Basislager zu wählen anbieten würde: Osterzgebirge, Mittleres Erzgebirge, Oberes Erzgebirge und Westerzgebirge. Im Übrigen tangiert das sogenannte Silberne Erzgebirge alle vier Teilgebiete längs der Alten Silberstraße von Zwickau bis Dresden, wo das gewonnene Silber verprasst wurde.

Heute hat es das Erzgebirge geschafft, als Montan- und Kulturlandschaft ins UNESCO-Welterbe aufgenommen zu werden. Es ist ein jahrelanger Weg gewesen, bis die Kommission im Sommer 2019 mit dem geschärften Profil zufrieden war. Letztendlich enthält die montane Kulturlandschaft mit Welterbestatus 17 Bestandteile auf sächsischer Seite und fünf auf der böhmischen. Jeder Bestandteil ist aufgegliedert in dutzende Einzelobjekte wie sakrale Gebäude oder Zeugen des Bergbaus. Das grenzüberschreitende Projekt soll der gemeinsamen Geschichtswahrung dienen, die Region fördern und Landschaften, wertvolle Städte und Kunstschätze für künftige Generationen erhalten. Neben dem identitätsstiftenden Imagegewinn wie der Slogan »Hurra, wir sind Welterbe!« verspricht die Einstufung als Weltkulturerbe einen Anstieg der Touristenzahlen, was die Montanregion Erzgebirge gut verkraften könnte.

OSTERZGEBIRGE

Blick vom Turm des Geisingberges

VOR DEN TOREN DER STADT

Naherholung für die Dresdner

Die vertrauteste Gebirgsregion ist mir seit fernen Kindertagen das Osterzgebirge, deswegen hat es Anspruch auf eine Extra-Einleitung. Es beginnt unmittelbar am Südrand von Dresden, über 40 Kilometer flach ansteigend bis zum 800 Meter hohen Hauptkamm. Auffällig am Horizont sind alte Vulkane, deren Kegel zu allerlei Fantasie beim Gedanken an ihre Entstehung anregen: der Wilisch bei Kreischa, der Geisingberg oder der Luchberg bei Oberfrauendorf. Vulkankegel bildeten im Tertiär vor mehr als zwei Millionen Jahren die letzte formgebende Phase des Erzgebirges.

Vor allem die Flüsse verbinden Dresden mit dem Erzgebirge, die hier und in der Umgebung in die Elbe münden: der Lockwitzbach bei Laubegast, die Müglitz in Heidenau und der heftigste und ungestümste: die Wilde Weißeritz in Cotta.

Das Osterzgebirge ist für Dresdner ein hervorragendes Naherholungsgebiet. Auf der Flucht aus dem hektischen Gedärm der Großstadt hält das Gebirge hinsichtlich sauberer Luft und Stille Balsam für Körper und Seele bereit.

Zentrum und beliebtester Höhenkurort des Osterzgebirges ist zweifelsohne Altenberg, von Dresden bequem mit der Müglitztalbahn zu erreichen. Ich weiß nicht, wie oft wir als Kinder mit unseren Eltern und vier Fahrrädern diese Wochenendausflüge unternahmen. Spannend war immer die letzte Etappe zwischen Geising und der Endstation in Altenberg, da wand sich die Eisenbahntrasse wie ein Linksgewinde um den Geisingberg herum und schraubte sich 200 Höhenmeter hinauf. Die Diesellok V180 röhrte vor Anstrengung wie ein Sechzehnender und schaffte es kaum schneller als im Läufertempo, die wenigen Waggons bergan zu ziehen. In Altenberg angekommen, gab es mit dem Fahrrad verschiedene Varianten, die allesamt eine Gemeinsamkeit hatten: egal in welche Richtung, es ging immer bergab!

Altenberg, eine Bergstadt mit über 550 Jahre alter Bergbautradition, trumpft heute insbesondere als Wintersport-Hochburg auf. Es gibt ein sehr gut gepflegtes Loipennetz für Skilanglauf, einen Abfahrtslauf- und Rodelhang, im Kohlgrund heißt Sie eine moderne Bobbahn willkommen.

Ein Netz von Wanderwegen lädt Sie im Sommer zu Touren in dichte Fichtenwälder ein, über naturgeschützte Bergwiesen, entlang alter Entwässerungsgräben und über freie Stoppelfelder im Schatten langer Alleen von Wildapfelbäumen, sogenannter »Holzäppel«.

Als Abiturienten beschlossen ein Freund und ich 1978, eine Radtour in die Slowakei zu starten. Wir beide kurbelten mit Zelt und Schlafsack von Pirna das Bahratal empor, passierten nach 40 Kilometern hinter Petrovice in 700 Metern Meereshöhe den Erzgebirgskamm. Wir waren knülle, hatten uns mit der berguntauglichen tschechischen Favorit-Gangschaltung beinahe unsere Kniescheiben »rausgedreht« und standen nun vor einem Straßenschild: zwölf Prozent Gefälle!

Schlagartig hellte sich unsere Laune auf: Flach auf den Lenker geschmiegt und mit vollem Karacho den Berg hinab. Was wir nicht ahnten und wussten: Die Abfahrt war fünf Kilometer lang! Der Wind pfiff uns ungeheuerlich um die Ohren. Ich linste auf meinen Tachometer und glaubte meinen vertränten Augen nicht zu trauen: Die Nadel pendelte weit jenseits der 60 am Anschlag! Es ergab sich auch ganz natürlich, so nebenbei noch zwei Trabis zu überholen. Unten in Telnice zitterten wir am gesamten Körper vom Adrenalinschub.

Diese verrückte Abfahrt an der Steilflanke des südlichen Erzgebirges, damals mit 17 Jahren, werde ich mein Leben immer in Erinnerung behalten. Ohne es bewusst zu erfassen, haben wir mit dieser Radtour die so typische Erzgebirgscharakteristik als Bruch- oder Pultscholle hautnah erlebt: der lange flache Anstieg von Norden her und der phänomenale Steilabfall des Gebirges an seiner Südflanke.

1

Plauenscher Grund
Hegereiterbrücke am
Eiswurmlager
01189 Dresden

IHR VORNAME DEUTET GEFAHR AN

Wilde Weißeritz im Plauenschen Grund

Mehr als vier Jahre bin ich beinahe täglich über diese alte Steinbrücke zu meinem Büro im Eiswurmlager geradelt, und automatisch drehte sich mein Kopf stets zum Fluss hin, was er denn heute so für einen Anblick bietet. Denn das ist das Verrückte: Er war nie derselbe, zeigte sich jedes Mal anders. Ein Teil des Wassers wird am Wehr abgezweigt und muss im kleinen Turbinenhäuschen Schwerstarbeit verrichten.

Im Sommer schwächelt die Wilde Weißeritz zumeist, plätschert harmlos über Kieselsteine. Eisvögel schießen wie Pfeile flach über das kleine Wellengekräusel, ein Fischreiher stelzt bedächtig am Ufer. Die Turbine steht still, der Fluss ist zu schwach. Temperamentvoller wird die Weißeritz, wenn es im Osterzgebirge regnet. Je übermütiger sie dahinschäumt, umso mehr bekommen die Anwohner Sorgenfalten. Der Flusspegel steigt, die Wasserfarbe wird schlammig braun, das Rauschen und der Widerhall vom Felsen erreichen rasch eine eindrucksvolle Lautstärke. Irgendwann muss die Turbine abgeschaltet werden, ein weißer Wasservorhang tost die Schräge am Kleinkraftwerk hinunter und donnert ins ursprüngliche Bachbett hinein. Das ist noch nicht das Maximum. Die Wilde Weißeritz kann noch eins draufsetzen wie im August 2002, als ihren ungeheuerlichen Fluten weder die 500 Jahre alte Brücke noch das Turbinenhäuschen standhielt. Millionenschäden entstanden damals auch in Dresden, als in Löbtau der Fluss in einer Kurve sein Bett verließ und seine ursprüngliche Rinne quer durch den Dresdner Hauptbahnhof und die Semperoper zur Elbe suchte und wiederfand.

In aufwendigen Baggerarbeiten wurde seitdem das Bachbett um zwei Meter tiefer gelegt, was sich als außerordentlich sinnvoll erwies, als im Juni 2013 ähnlich gewaltige Wassermassen zu Tal schossen, ohne größeren Schaden anzurichten.

Vom Bienertgarten führt ein Spaziergang durch die Alte Felsenkellerbrauerei hinauf zum Hohen Stein mit mehreren Aussichtspunkten.

2

1.000-jährige Eibe
im Naturschutzgebiet
Müglitzhang
Eibenwald am Lederberg
Startpunkt: Parkplatz
Ortsmitte
01768 Glashütte
OT Schlottwitz
www.heimatverein-
schlottwitz.de

PRACHTEXEMPLAR AM STEILHANG

1.000-jährige Eibe bei Schlottwitz

Schlottwitz im Müglitztal genießt im Schatten von Glashütte ein eher unauffälliges Dasein. Eine schnurgerade Straße führt durch den Ort. Die lose Bebauung macht es schwer, überhaupt einen Dorfkern zu erkennen. Doch ungefähr dort ist linker Hand talaufwärts gesehen ein kleiner einladender Parkplatz mit den Schautafeln des Wandergebiets Lederberg. Bevor es die Wanderstiefel zu schnüren gilt, lohnt sich ein Blick auf die Infowände. Schmuck- und Halbedelsteine lenkten schon in früheren Jahrhunderten die Aufmerksamkeit des Menschen auf sich. Bereits 1750 berichtete ein Bergmann fasziniert von Achatgängen mit weißem und rötlichem Amethyst im Müglitztal.

Ein Netz von Wanderwegen umspinnt den Lederberg, die gute Ausschilderung erleichtert die Wahl und weist die Richtung zum Eibenwald. Trittsicher sollte man schon sein, der Aufstieg ist steil, es gibt kein Geländer. Knorrige Bäume, die sich abenteuerlich an Felsen krallen, säumen den Pfad. Hauptaugenmerk sollte den dunklen und geheimnisvoll wirkenden Nadelbäumen gelten, die immer häufiger oberhalb des Weges durchs Dickicht schimmern. Das zähe Holz des urtümlichen Baumes wussten bereits unsere frühen Vorfahren zu schätzen. So trug der mehr als 5.000 Jahre alte Ötzi bei seiner Entdeckung einen Bogen aus Eibe.

Schneller als einem lieb ist, hat man nach kaum einem Kilometer den ältesten Eibenbaum erreicht. Auf einmal steht man vor ihm, stolpert über seine gewaltigen Wurzeln und staunt über dieses Labyrinth aus Tentakeln, die sich über den Boden ziehen und ihn wie Riesenschlangen umklammern. Der mächtige Stamm steht schief und braucht mit seiner mächtigen Krone diese feste Verankerung. Was für eine Eibe!

Beim Zurückwandern sinniere ich darüber, mir manchmal auch solche Wurzeln auf der Erde zu wünschen. Allerdings ginge das zu Lasten der eigenen Mobilität. Entweder – oder …

Sie können den Aufstieg über den Edelmannsteig bis zum Aussichtspunkt Totenstein fortsetzen – schönes Panorama der Sächsischen Schweiz!

8

Deutsches Uhrenmuseum Glashütte
Schillerstraße 3a
01768 Glashütte
035053 4612102
www.uhrenmuseum-glashuette.com

ZEIT FÜR EINE ZEITREISE

Deutsches Uhrenmuseum Glashütte

Ist sie sichtbar, spürbar, greifbar, fühlbar – die Zeit? Wir wissen, dass sie vergeht, mal mit uns, ab und an gegen uns und irgendwann ohne uns. Egal ob wir uns sträuben oder genießen, sie läuft ab und damit ist sie messbar. Freilich, ihre Dimension, ihre Einheit in Jahren, Monaten, Tagen, Minuten und Sekunden haben wir Menschen mehr oder minder willkürlich festgelegt.

Unter dem Motto »Faszination Zeit – Zeit erleben« öffnet seit 2008 das Uhrenmuseum in Glashütte seine Pforten. In der restaurierten ehemaligen Uhrmacherschule kann man auf über 1.000 Quadratmetern Ausstellungsfläche 450 Exponate bestaunen. Der Rundgang startet im Jahr 1845, als der Uhrmacher Ferdinand Adolph Lange mit der sächsischen Regierung einen Vertrag abschloss, in dem er sich verpflichtete, 15 Lehrlinge über drei Jahre auszubilden. Jeder junge Mann bekam ein Vertiefungsgebiet zugewiesen, so entstanden danach Spezialwerkstätten, die eine effiziente Taschenuhrfabrikation ermöglichten. Unglaublich, was für ein filigranes Innenleben eine Taschenuhr offenbart!

Die *La Grandiose* von 1899 weist zum Beispiel mehr als 800 Einzelteile auf. Taschenuhren in hoher Qualität, Präzisionspendeluhren und Marine-Chronometer begründen den Siegeszug der Glashütter Produkte um die Welt. Nach dem Ersten Weltkrieg verschlafen die Ingenieure allerdings den Trend zu Armbanduhren. Zerstörungen, Demontage und Wiederaufbau belasten die Entwicklung der Uhrenhersteller um den Zweiten Weltkrieg existenziell. Erst 1964 gelingt den inzwischen verstaatlichten und vereinten VEB Glashütter Uhrenbetrieben mit der Herrenarmbanduhr Specimatic ein Renner, der 3,6 Millionen Mal über den Ladentisch geht.

Heute ist das Spitzenmodell die Grand Complication für 1,92 Millionen Euro. Sie ist auf sechs Stück limitiert und soll schon ausverkauft sein. Schade …

Empfehlenswert ist ein Spaziergang durch das Stadtzentrum und zur Abrundung eine kleine Pause am Markt im Café Uhrwerk.

4

Schloss Reinhardts-grimma
Schlossgasse 2
01768 Glashütte
OT Reinhardtsgrimma
035053 4070
www.reinhardtsgrimma.de

Evangelische Kirche
Pfarrweg 2
01768 Glashütte
OT Reinhardtsgrimma
www.kirchspiel-glashuette.de

ES LOCKT EIN BACH DAS TAL HINAN

Lockwitzbachtal mit Schloss Reinhardtsgrimma

In meiner Kindheit quietschte eine Schmalspur-Straßenbahn auf der gepflasterten Talstraße von Dresden bis Kreischa, heute bügelt eine Asphaltpiste aalglatt zur Kurstadt am Fuße des Wilischs. Doch wer sich auch vom Monstrum der neuen Autobahnhochbrücke nicht abschrecken lässt, der findet noch immer lauschige Wanderwege an den Talhängen bis zur Burgstädter Linde oberhalb der Hummelmühle.

Hinter Kreischa schlängelt sich der Lockwitzbach durch ein enger werdendes Wiesental. Bewaldete Berghänge säumen das Flüsschen, Teufelsmühle und Hirschbachmühle laden Wanderer zur Rast ein. Wo sich das Tal wieder verbreitert, kündigt sich der kleine Ort Reinhardtsgrimma an, der immerhin 1206, im gleichen Jahr wie Dresden, erstmals urkundlich erwähnt wurde, also kürzlich seinen 800. Geburtstag zelebrieren konnte. Das barocke Schloss stammt aus den Jahren 1765 bis 1767 mit einem stilvollen englischen Park. Alte Bäume, Teiche, Blickachsen über Wiesen und ein klassizistisches Badehaus laden zum Lustwandeln ein. Das Schloss selbst ist nur bei sporadischen Ausstellungen und zu Konzerten zugänglich. Vielleicht haben Sie mehr Glück an der Dorfkirche, diesem weithin sichtbaren Monumentalbau mit einem 30 Meter hohen Turm und einer der berühmten original erhaltenen Silbermann-Orgeln.

Flugs noch einen Kaffee in der Bäckerei am Schloss, dann kann man Reinhardtsgrimma getrost den Rücken kehren. Talaufwärts wird es zunehmend ländlicher. Bei Oberfrauendorf ragt der Luchberg wie ein Dorfwächter gewaltig in den sächsischen Himmel. Es führt kein Weg über den Gipfel, dafür bildet er den Mittelpunkt des Reinhardtsgrimmaer Rundwanderwegs. Die Quelle des Lockwitzbaches sucht der Erkundungsfreudige auf Landkarten vergeblich. Irgendwo in Höhen um 500 Meter sickern nahe dem Breiten Berg die ersten Rinnsale aus der Erde, offensichtlich lohnt sich eine markante Einfassung nicht.

Pilzmuseum Reinhardtsgrimma: Informationen zu 700 Pilzarten weisen detailliert darauf hin, welcher Pilz einem guttut und welcher das Leben verkürzt.

5

Altes Ferienlager
Scharspitze
01778 Geising

NA, DA WAR WAS LOS!

Ferienlager

In tiefen DDR-Zeiten waren die Betriebsferienlager für die Werktätigen und ihre Kinder eine feine Sache. Für 30 Mark waren die Eltern in manchen Familien froh, ihre Gören für zwei Wochen los zu sein und umgekehrt.

Das Sachsenwerk in Dresden unterhielt am Nordhang der Scharspitze bis zur politischen Wende 1989 ein Kinderferienlager mit fünf Holzbaracken. Nicht ohne Heimweh lernte ich das Lagerleben in den 70er-Jahren sowohl im Sommer als auch in den Winterferien kennen. Einen fulminanten Verlauf nahm der Langlaufwettbewerb: Ich besaß recht altmodische Skier aus breitem Holz mit Seilzugbindung. Die sportlichen Jungs in meiner Altersklasse hatten zumeist schmalere, leichtere »Bretteln« – und Skiwachs. Am Abend vor dem Wettkampf zog ein strenger Geruch durch die Baracken: Alle wachsten emsig ihre Ski. Keiner wollte mir ein bisschen Tubeninhalt abgeben, was für mich Anlass war, in der Dunkelheit hinauszustapfen und die leuchtende Mondsichel zu befragen, was diese Unkameradschaftlichkeit für einen Sinn hatte.

Die Antwort kam prompt am nächsten Vormittag. Über Nacht zog der Föhn übers Erzgebirge, der Schnee pappte. Es galt, mehrere Runden rings um die Scharspitze zu absolvieren. Die Konkurrenz schwächelte an den Steigungen und rutschte auf ihren wachsglatten Skiern in der Spur zurück. Ich zog wie ein Strich durch die Landschaft und rief mit wachsender Begeisterung den vor mir Gestarteten zu: »Aus der Spur!« Am Ende hatte ich die Silbermedaille erobert. Selten bin ich so positiv vom Lauf der Dinge überrascht worden!

Heute bröckeln die Holzbaracken still vor sich hin. Alle Türen stehen offen, man kann in die Zimmer hineingucken. Der morbide Charme einer längst vergangenen Ära ist im Büro der ehemaligen Lagerleitung am deutlichsten sichtbar. Ich sehe vor mir, wie ich als Kind jedes Mal Haltung annehmend artig an der Tür vorbeimarschierte.

Achtung! Sicherheitshalber sollte ein Blick von außen auf die ruinösen Baracken ausreichen.

6

Scharspitze
bei 01778 Geising
Startpunkt Wanderung:
Besucherbergwerk
Zinnwald-Georgenfeld
Goetheweg 8
01773 Altenberg
035056 31344
www.besucherbergwerk-zinnwald.de

Heute Stille, früher Gejubel

Scharspitze

Die Scharspitze reckt sich zwar immerhin 807 Meter über Meereshöhe empor, bespöttelt allerdings als bewaldete, abgerundete Kuppe ihren Namen. Unspektakulär, nur minimal flach ansteigend führt der Wanderweg von Süden auf den als solchen kaum erkennbaren Berg. Die Aussicht inmitten eines Miniplateaus, umgeben von Laub- und Nadelbäumen, ist gleich null!

Vor einigen Jahren hat die Scharspitze eine Schutzhütte verpasst bekommen, ein trockener Platz, um bei Regen oder Sturm unterzuschlüpfen und aus der Thermoskanne heißen Tee zu genießen. Es ist sehr still hier. Nur der Wald rauscht. Selten verirren sich andere Wanderer hierher, man ist meist allein.

Gerade weil sie weder Turm noch Panorama bietet, hat die Scharspitze etwas Besonderes. Sie zwingt einen dazu, den Berg anders wahrzunehmen, auf andere Dinge die Aufmerksamkeit zu richten. Augen schließen und loslassen. Träumen. Vor die Hütte in die Sonne setzen und das Gesicht nach oben recken, Kopf nach hinten ablegen.

Vor 100 Jahren war die Scharspitze der Startplatz für die Natureisbobbahn, die in 22 Kurven über zwei Kilometer bis ins Tal nach Geising hinunterführte. Der alte Wanderweg nach Nordosten stellt noch immer die einstige Trasse dar, auf der die mutigen Sportler auf hölzernen Schlitten mit Lenkrad und Stahlkufen zu Tal zischten. In einigen Kurven des Wanderwegs erinnern erhöhte Steinwälle bis heute an die Bobbahn. Eine Tafel am Aschergraben zeigt Fotos von einer gut gefüllten Tribüne mit über 500 Zuschauern, an denen die Fünferbobs mit einem Höllentempo vorbeischlitterten. Ihren Höhepunkt erlebte die Bobbahn 1926 mit den Schlesischen Gaumeisterschaften. 1930 erlosch der »Bob-Stern« der Scharspitze und sie versank wieder in ihren Dornröschenschlaf, aus dem sie bis heute nur selten von einsamen Wanderern aufgeschreckt wird.

Am Aschergraben entlang lässt sich unterhalb der Scharspitze beschaulich spazieren – bis zum Besucherbergwerk an der ehemaligen Zinnerzwäsche.

7

Geisingberg
Informationen zum Berg
im **Bergbaumuseum**
Mühlenstraße 2
01773 Altenberg
035056 31703
www.bergbaumuseum-altenberg.de

Bergbaude Geisingberg
035056 35555
www.geisingberg.de

360-GRAD-PANORAMA: NUGUGGEMADA!

Geisingberg

Wenn man von Dresden bei guter Fernsicht in Richtung Osterzgebirge schaut, fallen zwei markante Kegel auf: der Luchberg bei Niederfrauendorf (576 Meter) und der Geisingberg (824 Meter). Beide sind ebenmäßig geformte Basaltkegel, ehemalige Vulkane, die sich über der Landschaft erheben. Ein krönender Aussichtsturm ist nur dem Geisingberg vergönnt und bis heute lassen sich die 88 Stufen sommers wie winters zum 18 Meter hohen Louisenturm besteigen, um einen grandiosen Rundumblick zu genießen.

In Richtung Dresden sieht man an windarmen Tagen eine Dunstglocke am Horizont. Interessanter ist die Aussicht auf Geising und seine umliegenden Hänge und Hübel wie die Kohlaukuppe. Ein Blickfang ist die Altenberger Pinge, ein gewaltiger Einsturztrichter von 400 Metern Durchmesser und 150 Metern Tiefe. Als die Bergleute vor einigen hundert Jahren dem Berginneren zu Leibe rückten, den Berg auf gut Glück durchlöcherten, wurde das Gestein instabil und brach am 24. Januar 1620 mit einem Riesengetöse in sich zusammen. Das erleichterte die Zinnerzförderung insofern, als immense Gesteinsmassen bereits gelockert waren und man in der Pinge keine Sprengungen mehr benötigte. Die Pinge ist heute wegen Einsturzgefahr weiträumig abgesperrt.

Der höchste Berg im Osterzgebirge liegt hinter dem Wintersportzentrum Altenberg: der Kahleberg (905 Meter). Wie der glatte Rücken eines Pottwales thront er über der Stadt, ein Hochplateau, das an seiner Nordseite plötzlich abfällt – hinab zu den Galgenteichen. Früher dienten diese als Wasserlieferant für die Zinnwäsche.

Beim Ausguck gen Westen fallen unterhalb des Geisingberges weite Wiesen auf. Sie gehören zum Naturschutz-Großprojekt »Bergwiesen im Erzgebirge«. Zwischen April und Juni leuchten und duften hier die Blumen in betörender Vielfalt.

Die Pinge kann im Sommer besichtigt werden, buchbar bei der Tourist-Info Altenberg. Ebenfalls empfehlenswert: das Bergbaumuseum Altenberg.

8

Ski- und Rodelarena Altenberg/Geising
Am Skihang 3
01773 Altenberg
035056 35262
www.skilifte-geising.de

Tourist-Information Altenberg
Am Bahnhof 1
01773 Altenberg
035056 23993
www.altenberg.de

BAHNE FREI, SONST RUMMST'S!

Abfahrtslauf

Es heißt, die im Erzgebirge aufgewachsenen kleinen Jungs und Mädels können eher Ski fahren als laufen. Als Kind beneidete ich meine gleichaltrigen Cousins um ihre Eleganz und Lässigkeit beim Abfahrtslauf, kam aus dem Staunen nicht heraus, wie sie geschickt zu Tale bretterten, während ich permanent unfreiwillige Purzelbäume schlug und mit Schneeabbürsten schwer beschäftigt war.

Erst als Erwachsener in den Skiurlauben im böhmischen Riesengebirge lernte ich ganz passabel das Skilaufen, traute mich mit halblegal in Prag gekauften Elan-Skiern in Spindlermühle, Harrachov und Pec auf die rot markierten Steilpisten. Erst die Technik beherrschen, dann kommt die Geschwindigkeit – so lautete das Credo meiner Skilehrerin, und ich bin damit immer sturz- und kollisionsarm gefahren.

Zeit meines Lebens habe ich den Skilanglauf wegen seiner Natürlichkeit oftmals bevorzugt. Das Skiabfahrtslaufen erzeugte in mir stets ambivalente Gefühle. So rasant und frischluftintensiv dieser Sport war, etwas künstlich und mit der Zeit stumpfsinnig kam es mir bereits damals in den 80ern vor: ein buntes Völkchen schnattert beim Anstehen am Lift, die langweilige Schleppfahrt an langen Stahlseilen, und dann das zu Tale Schwingen. Man wollte gesehen werden, auch das gehörte dazu, und so ist es wohl bis heute geblieben.

Nach der politischen Wende schoben sich die Alpen mit ihren zu gigantischen Skiarenen präparierten Berghängen in den Fokus. Im Osterzgebirge hingegen müssen sich die Abfahrtsläufer wie eh und je in Bescheidenheit üben. Die Pisten in Geising, Altenberg oder Holzhau weisen kaum hundert Meter Höhenunterschied auf, bei Schussfahrt steht man in kaum einer Minute wieder am Lift.

Berge sind immer relativ. Meine Mutter rodelte als Kind in der Mecklenburger Kreisstadt Bützow immer mit Schwung den Hang am Wall hinunter, das waren an die vier Höhenmeter. Was für ein Trost für den Osterzgebirgler!

Mit sechs Liftanlagen für Skifahrer, Snowboarder und Rodler wirkt das Skigebiet um Altenberg dennoch beinahe alpin.

9

Bobbahn Altenberg
Neuer Kohlgrundweg 1
01773 Altenberg
035056 35120
www.wia-altenberg.de

EINE SILBERSCHLANGE IM WALD

Bobbahn Altenberg

Es ist schon verrückt, welchen Aufwand der Mensch betreibt, um sich lebendiger zu fühlen, das Blut schneller durch die Adern strömen zu lassen. Auf poliertem Eis zu Tale zu zischen, gehört offensichtlich dazu.

Vor mehr als 30 Jahren wollten die DDR-Oberen einmal mehr auf Olympischen Winterspielen glänzen und so kam die Führungsriege auf die Idee, einen zweiten Eiskanal zu bauen. Unter Aufsicht des Ministeriums für Staatssicherheit lief alles höchst geheimnisumwittert ab, und zwar dergestalt, dass stellenweise nicht einmal die Architekten und Ingenieure wussten, welcher Radius zu welcher Kurve passt und wie das Gefälle mit beiden harmonieren könnte.

Die Physik erwies sich einmal mehr als unbestechlich – mit dem Ergebnis, dass sich nach zwei Jahren Bauzeit bei Probefahrten herauskristallisierte, dass man die Bahn unmöglich für Wettkämpfe nutzen konnte. Die Gefahr für Piloten durch Unfälle war schlicht zu groß – also Umbau! Die Baukosten explodierten, man munkelte von einer dreistelligen Millionensumme, natürlich alles nur unter der Hand weitergewispert. Die offizielle Einweihung erfolgte 1987.

Zugegebenermaßen lernte ich erst nach der Wende die Kunsteisbahn kennen, bei einer Radtour mitten im Sommer. Parallel zum Kanal führt eine Versorgungsstraße den Hang empor – mit zeitweise 24 Prozent Steigung – eine echte Herausforderung für jeden Kämpfer gegen die Schwerkraft.

Inzwischen hat die Stadt Altenberg die Rodelbahn unter ihre Fittiche genommen und veranstaltet regelmäßig Weltmeisterschaften im Einer-, Zweier- und Viererbob, Skeleton und Rennrodeln. Auf 1.400 Metern Kanallänge werden Geschwindigkeiten bis 140 Stundenkilometer erreicht. Ich nutze die Anlage lieber auf der schmalen Parallelstraße auf dem Rennrad. Die Schlittenprofis lassen sich übrigens mit dem Kleinbus wieder nach oben zum Startpunkt karren. Was hat das Ganze eigentlich mit Sport zu tun?

Es empfiehlt sich ein kleiner Spaziergang zum idyllischen Oberbärenburg mit neuem Aussichtsturm – ganz in der Nähe!

10
Sächsisches Brauerei-
museum Rechenberg
An der Schanze 3
09623 Rechenberg-
Bienenmühle
037327 88015
www.rechenberger.com

Gute Gründe für den Biergenuss

Sächsisches Brauereimuseum Rechenberg

Ein junger Mann begrüßt uns in den historischen Gemäuern des Brauereimuseums und provoziert zunächst mit der Feststellung, es sei ein Unding, Biergenuss mit niederen Kneipeninstinkten abzuwerten oder als Dickmacher bei Männern zu bezeichnen. Bier verdiene ein viel höheres Image, da es nahezu vor gesundheitsfördernden Inhaltsstoffen strotzt. Alkohol? Vier Prozent weisen es als ein Schlusslicht alkoholischer Getränke aus. Eher trifft die Bezeichnung Kraftstoff für den Körper zu oder Reinigungsmittel für zu Blutgerinnseln neigende Adern. Über 30 Mineralstoffe und Spurenelemente, Polyphenole gegen Herzkreislauferkrankungen und alle wichtigen B-Vitamine bilden ein beeindruckendes Konglomerat an positiven Stimulanzen. Ich frage mich, wieso ich jemals etwas anderes außer Bier getrunken habe – und damit hat das Brauereimuseum sein Ziel erreicht.

Zaghafte Einwürfe eines Mannes mit dem Verweis auf frisches Quellwasser werden souverän weggewischt: Das schmeckt doch nach nischt! Außerdem ist es ja sowieso zu 92 Prozent im Bier enthalten neben Malz und böhmischem Hopfen, dem besten der Welt, leider auch dem teuersten. In dem Stil locker plaudernd geleitet uns der junge Mitarbeiter durch die 450-jährige Geschichte der Traditionsbrauerei. Wir kommen an einer Fassreinigungsmaschine vorbei, beäugen einen Druckkessel und stehen schließlich im schönsten Raum, der Sudhalle mit Braupfanne und kupfernem Läuterbottich, eingerahmt von einem hölzernen Walmdachboden. Am Ende unserer Führung werfen wir noch einen Blick in den Gärkeller und ins alte Kühlhaus.

Heute ist die Brauerei Rechenberg im Osterzgebirge gut im Geschäft, beschränkt ihr Sortiment auf vier Biersorten, ausschließlich in Fässern abgefüllt. Was bleibt mir übrig, als beim Abschied ein Fünfliter-Fässlein zu kaufen und mir aufs Motorrad zu schnallen?

Leckeres Schmalzbrot, deftige Grillhaxe oder Schwarzbierbraten locken in der Brauereigaststätte Schalander.

11

Gimmlitztal
Startpunkt Wanderung:
Parkplatz Teplitzer
Straße 30
09623 Frauenstein

Weicheltmühle
Gimmlitztal 42
01762 Reichenau

NATUR ZIEHT NETZSTECKER

Gimmlitztal

Die Trümpfe dieses Tales liegen im sphärisch Unspektakulären. Über 25 Kilometer schlängelt sich die Gimmlitz bis zu ihrer Einmündung in die Freiberger Mulde durch Wiesen entlang dunkler Fichtenwälder. 23 Wassermühlen sind in der Historie nachweisbar, die meisten längst vom Zahn der Zeit zernagt. Drei halte ich für erwähnenswert. Die als Feriendomizil umgebaute Kummermühle taucht als erste im Wald auf, nachdem ich den Poststeig von Frauenstein ins Tal herabgestiegen bin. Der Wanderweg auf dem Talgrund führt mich hinter der Mühle mitten in pure Natur hinein. Es ist beinahe erschreckend still.

Ein einfacher Wiesengrund liegt vor einem, ohne ins Auge hechtende Blickfänger wie Reklameschilder. Der Großstädter spürt: Jetzt kann ich loslassen, Stecker ziehen, aller Stress kann aus dem überfüllten Reizkelch der Seele entweichen. Stattdessen Reizklima, das die erschöpften Batterien wieder auflädt. Wo bin ich hier, was strömt da auf mich ein? Die Beine drehen weg, ich sinke ins Gras. Ha, dies ist mein Lieblingsplatz – umgeben von Bärwurz, den gefiederten Blattstängeln, Huflattich, Spitzwegerich, Waldstorchschnabel, dem gefleckten Knabenkraut und den Duft- und Hornveilchen! Was für ein Garten, durch den der Bach lieblich gluckst und murmelt. Es zwitschern der Zilpzalp, Zaunkönig und die Wasseramsel, und hoch oben am Himmel zieht der Bussard vor der Sonne seine Kreise. Sollte man weiterlaufen? Mühlenfans unbedingt!

Die Illingmühle öffnet zum Mühlentag alljährlich am Pfingstmontag ihre Pforten, ebenso die weiter talaufwärts gelegene Weicheltmühle mit ihrem oberschlächtigen Wasserrad im Freien und einem vollständig funktionsfähigen Stampfwerk im Inneren des Gebäudes. Die Weicheltmühle bietet sich als Umkehrpunkt der Wanderung an. Oder als sportliche Variante führt der Schlüsselweg noch einmal fünf Kilometer am alten Kalkwerk vorbei bis zur Quelle.

Die Gimmlitzquelle liegt auf 782 Metern Höhe, eingefasst in einen hölzernen Trog unweit des Zollhauses Neuhermsdorf.

12

Blockhausen
Startpunkt Spaziergang:
Parkplatz Blockhausen
Buswendeschleife
Steinbruchweg
zwischen 09619 Mulda und
Dorfchemnitz
037320 83969
www.blockhausen.de
www.sauensaeger.de

KETTENSÄGE UND KUNST?

Sauensäger in Blockhausen

Holzschnitzereien haben im Erzgebirge eine lange Tradition. Dem Schnitzen wohnt etwas Besinnliches inne, es geht leise und still vonstatten, abgesehen von Raspel- und Knistergeräuschen, wenn Späne abheben und zu Boden segeln. In unserer lärmigen Neuzeit lag es auf der Hand, dem artigen und unaufgeregten Gespänel etwas modern Brachiales entgegenzusetzen. Die Künstler entdeckten die Kettensäge als formgebendes Instrument für Skulpturen aus Holz.

Im Erzgebirge bei Mulda existiert seit Jahren ein Zentrum für Kettensägen-Kurse, in denen auch der Normalbürger seine feinmotorischen Fähigkeiten mit dem zweitaktbellenden Gerät zum Aggressionsabbau austoben kann. Blockhausen ist eine Miniansiedlung mitten im Privatwald der Försterfamilie Martin, die vor mehr als zwei Jahrzehnten mit dem Aufbau dieses Holzrefugiums begonnen hat. Um nach Blockhausen zu gelangen, ist der Besucher aufgefordert, sein Vehikel unten im Tal zu parken und die für Motorfahrzeuge gesperrte Waldstraße zu Fuß in Angriff zu nehmen.

An einem sonnigen Frühsommertag genieße ich den zwei Kilometer langen Spaziergang entlang duftender Wiesen und Waldesränder. Auf einmal stehe ich von Bienenschwärmen umgeben in einer ungewöhnlichen Schauimkerei. Übermannsgroße Holzskulpturen fungieren als Wohnstatt von Bienenvölkern, daher Vorsicht beim Allzu-nahe-Treten! 50 Höhenmeter weiter oben ist das Zentrum von Blockhausen erreicht: ein riesiges Holzhaus aus mächtigen Stämmen, das Vordach abgestützt von Dutzenden Säulen, sämtlich als Skulpturen ausgeformt. Kleinere Blockhäuser umrahmen das dahinter liegende Areal. Den Höhepunkt bildet eine 40 Meter lange massive Tischtafel aus einem einzigen Fichtenstamm.

Richtig laut wird es alljährlich zu Pfingsten, wenn hier beim *Huskycup* die internationalen Weltmeisterschaften im Kettensägenschnitzen ausgetragen werden. 2019 hieß das Thema »Drachen aus aller Welt«, 2020 »Volksmärchen der Gebrüder Grimm«.

Zweitägige Schnitzkurse mit dem Sägermeister sind zu verschiedenen Themen buchbar: Eule, Adler, Sau und Bär.

13

Museum Eisenhammer
Hauptstraße 11
09619 Dorfchemnitz
037320 1777
www.eisenhammer-dorfchemnitz.de

Holzwerkstatt Gernegroß
Hauptstraße 47
09619 Dorfchemnitz
037320 1373
www.nussminiaturen.de

Wasser contra Eisen

Museum Eisenhammer

Lange habe ich gesucht, bis ich im Erzgebirge ein funktionierendes Wasserrad gefunden habe, das sich im Sonnenlicht dreht. Am Chemnitzbach bei Sayda steht ein solches gleich im Doppelpack, denn das eine bringt einen kräftigen Blasebalg zum Schnaufen, um das Schmiedefeuer lodern zu lassen, das andere lässt die Hämmer klopfen. Aktenkundig ist der Eisenhammer seit 1567, als ganz in der Nähe ein blaugrauer Magneteisenstein entdeckt und im Tagebaubetrieb gefördert werden konnte. Im 19. Jahrhundert lieferte das kleine Hammerwerk spezielle Werkzeuge für die Erzgruben nach Freiberg. 1939 erwarb die Gemeinde das technische Denkmal, 1969 wurde das Museum eröffnet.

Nun aber zur Faszination Wasser. In zwei parallelen Überläufen schießt das Wasser aus dem Mühlgraben in das Hofbassin. Wenn es Arbeit verrichten muss, füllt es die Schaufeln der Wasserräder und ändert seinen Sound in ein dezenteres rhythmisches Rauschen.

Wo die Schauvorführungen nur einen geringen Teil des Tages ausmachen, sind die zwei künstlichen Wasserfälle hingegen beinahe ohne Unterbrechung tagsüber zu bewundern. Ich kann den Wasservorhängen stundenlang zusehen. Interessant, wie homogen das Wasser ahnungslos aus der Holzrinne geströmt kommt und auf einmal ins Bodenlose fällt. Durch die Schwerkraft erfährt das Wasser eine enorme Beschleunigung, streut auseinander und zerfranst durch den Luftwiderstand. Es findet ein optisch beeindruckender Übergang in eine turbulente Strömung statt. Wie Diademe schillern Hunderte vereinzelte Tropfen im Sonnenlicht, zerstäuben in kleine und kleinste Volumeneinheiten, bevor ihre Reise in einer weißen Gischtwolke im Unterbecken zu Ende geht. Das Auge kann die rasante Dynamik nicht vereinzeln, aber der Mensch weiß sich zu helfen und hält den Moment in einer Viertausendstelsekunde mit dem Fotoapparat fest. Ha, ausgetrickst!

Ganz in der Nähe finden Sie die Holzwerkstatt Gernegroß, da lohnt es sich, auch mal hineinzuschauen!

14

Dieser **Silberglanz** wurde bei Oberbärenburg im Osterzgebirge entdeckt 01773 Altenberg

SCHNEESCHIMMER BEI MONDENSCHEIN

Silberglanz

Im frühen Mittelalter war das Erzgebirge vor allem ein Hindernis, das es zu überwinden galt: Auf Handelswegen wurden schwere Salzfuhren von Halle an der Saale nach Böhmen gekarrt. Eines Tages anno 1168 krachte in Höhe des heutigen Freiberg die Achse eines Salzwagens entzwei. Der Kutscher sprang vom Bock und besah sich den Schaden.

Die Pferde standen und drehten neugierig die Köpfe. Auf einmal sah der Mann zu seinen Füßen einen kleinen Stein schimmern. Er hob ihn auf und kam, erzkundig wie er war, aus dem Staunen nicht heraus. Der Stein war für seine Größe ungewöhnlich schwer und glänzte hell. Kein Zweifel, er hielt gediegenes Silber in den Händen! Der Brocken wurde später in Goslar, der Hochburg des Silberabbaus, untersucht und für echt befunden. Es erhob sich das erste große »Berggeschrey im Miriquidi«, also Silberfieber im Dunkelwald, wie das Erzgebirge ursprünglich genannt wurde. Auf Geheiß von Markgraf Otto von Meißen wurde am Fundort die Siedlung Christiansdorf gegründet, das spätere Freiberg. Freiberg entwickelte sich zur größten Stadt in der Markgrafschaft Meißen, bis Leipzig im 15. Jahrhundert dem Bergbauzentrum den Rang ablief. Durch technischen Fortschritt mit verbesserten Abbaumethoden schwang sich der Silberbergbau im 16. Jahrhundert zu einer zweiten Blüte auf. Wie eine Welle raste das neuerliche »Berggeschrey« durch das Erzgebirge.

Außer prunkvollen Stadthäusern, Museen mit Fördertürmen und Untertagestollen ist heute von der einstigen Euphorie nicht viel übrig geblieben. Reine Silberbrocken auf Wanderwegen sind relativ selten geworden. Man muss heutzutage immer tiefer in den Berg hineingraben, um an Erzfunde zu gelangen. So genießen wir lieber den herrlich silbrigen Glanz des Winterschnees über der Landschaft. Wenn man blinzelt, könnte es wahrhaftig so aussehen, als ob das Erz von unten durchdrückt und dem Schnee einen Silberlack verpasst.

Tja, Ihr ganz persönlicher Silberglanz im Erzgebirge will von Ihnen selbst entdeckt werden, irgendwo zwischen Altenberg und Auersberg!

15
Besucherbergwerk
Freiberg
Fuchsmühlenweg 9
09599 Freiberg
03731 394571
www.silberbergwerk-
freiberg.de

Glück auf, der Steiger kommt!

Besucherbergwerk Reiche Zeche

Einige Stunden sollte man schon einplanen, um eine Ahnung von der Dimension dieser in Sachsen größten Untertagewelt zu bekommen. Gleich Spinnennetzen ziehen sich auf mehreren Ebenen Gänge mit einer Gesamtlänge von über 2.000 Kilometern sowohl rings um Freiberg als auch unterhalb der Stadt durch die Erde.

Bis zu 750 Meter Tiefe gruben sich unsere Vorfahren in den Berg, förderten Mineralerze wie Bleiglanz, Zinkblende, Schwefel- und Kupferkies zutage. 1913 geht der Silberabbau aus Rentabilitätsgründen zu Ende. In 800 Jahren Bergbaugeschichte wurden in Freiberg insgesamt 5.400 Tonnen Silber gewonnen, das sind 80 Prozent der bisherigen Gesamtproduktion im Erzgebirge.

Auf in den Berg! Ein fachkundiger Bergmann begrüßt uns in der Himmelfahrt-Fundgrube (was für ein bedenklich stimmender Name) mit einem kräftigen »Glück auf«. Wir tauchen ein in eine andere Welt. Die Wände tropfen und glitzern, die Luft ist rein und feucht. In den nächsten Stunden marschieren wir im Gänsemarsch auf einer Zeitschiene rückwärts, über vier Kilometer quer durch den Berg. Am Anfang sind die Gänge noch schnurgerade mit quadratischem Querschnitt perfekt zugehauen.

Je weiter wir in die Jahrhunderte zurückgehen, desto kleiner, niedriger, schmaler und verhutzelter werden die Gänge. Wir müssen uns bücken, die Helme krachen an die Wände, unsere Gummistiefel platschen über lange Strecken durchs Wasser. Am spannendsten ist der Schrägaufstieg zu einer 60 Meter höher gelegenen Sohle, was mühsame Kletterei auf Holzstiegen erfordert. Mit jedem Meter erhöht sich der Respekt vor der Leistung unserer Vorfahren. Mit Hammer und Meißel rückten sie bis zum 18. Jahrhundert dem Berg zuleibe, eingehauene Jahreszahlen belegen einen Jahresvorschub zwischen nur sechs bis neun Metern!

Nach der Sanierung der historischen Anlagen hat die Untertagewelt seit Juni 2015 mit neuem Lehrpfad wieder geöffnet und Führungen sind möglich.

16

Konditorei und Café Hartmann
Petersstraße 1a
09599 Freiberg
03731 22807
www.cafe-hartmann.de

Eierschecke schmeckt besonders

Café Hartmann

Freibergs Geschichte wiegt alles andere als leicht. Allein die einrahmenden Gebäude der drei bedeutendsten Freiflächen in der Altstadt könnten seitenlang von sich erzählen: Schlossplatz, Ober- und Untermarkt. Letzterer weist mit dem Dom St. Marien das mächtigste historische Schwergewicht auf. Der Schlossplatz wird vom Renaissanceschloss Freudenstein gekrönt. Am Oberen Markt ragt das 600 Jahre alte Rathaus zwischen prächtigen Bürgerhäusern empor, von dessen Turm täglich zweimal das Steigerlied der Bergleute erschallt.

Ernst schaut Otto der Reiche als monumentale Skulptur auf die Südostseite des Marktes. Was will er mir sagen? Einladend stehen die Türen des Cafés Hartmann offen, ein Eckhaus an der Petersstraße. Im Wiener Charme von vor 100 Jahren eingerichtet, strahlt das Café bis heute gepflegten Jugendstil aus.

Katja Hartmann führt mit ihrem Mann in vierter Generation die Konditorei. Als Spezialität des Hauses kredenzt sie mir original Freiberger Eierschecke ofenwarm auf dem Teller. Als Besucher aus der Landeshauptstadt bin ich natürlich stark geprägt von der Dresdner Eierschecke und staune über die wesentlich flachere Variante aus dem Erzgebirge. Offensichtlich wurde hierbei auf die dicke Quarkschicht verzichtet. Der Legende nach benötigten die Freiberger im frühen Mittelalter den Quark zur Ausbesserung ihrer Stadtmauer und glichen den Verlust in ihrem Kuchen mit mehr Zucker und Eiern aus. Meine Geschmacksnerven signalisieren: Schmeckt lecker – ä Draum!

Selig blinzle ich aus dem Fenster und mein Blick fällt wieder auf Otto den Reichen. Den Beinamen erhielt er übrigens erst Jahrhunderte später, als sich die Menschheit seiner Gründungsverdienste um Christiansdorf, das spätere Freiberg, und seiner Förderung des Silberabbaus besann. Mir schwant, warum Otto so finster herüberblickt – sein Herrscherleben war hart – so ganz ohne Eierschecke.

Die Tourismus-Information finden Sie nur 200 Meter vom Café entfernt an der Rückseite des Rathauses.

17

Terra Mineralia im Schloss Freudenstein
Schlossplatz 4
09599 Freiberg
03731 394654
www.terra-mineralia.de

FANTASIEN IN STEIN

Terra Mineralia

Obwohl die Bezeichnung »Mineral« aus dem Lateinischen übersetzt von »minare« stammt und »Bergbau treiben« bedeutet, haben die ausgestellten Exponate ausnahmsweise fast nichts mit dem Erzgebirge zu tun, sondern wurden weltweit zusammengetragen. Die TU Bergakademie Freiberg betreut diese größte Mineralienausstellung Deutschlands mit über 3.500 steinernen Stücken. Man fragt sich natürlich, woher so eine gewaltige Sammlung stammt. Eine Schweizerin mit vogtländischen Wurzeln hat in 60 Jahren mineralische Funde aus allen Winkeln der Welt zusammengetragen und in einer Stiftung 2004 der Universität als Dauerleihgabe zur Verfügung gestellt. Als Glücksfall erwies sich das im Jahre 2008 sanierte Renaissanceschloss Freudenstein in Freiberg, womit ein geeigneter Ort für die Präsentation der Sammlung gefunden war.

Was sind alle Kreationen von Künstlern gegen diese Wunderwerke? Die Gesteinsbrocken sind so genial durchkomponiert, dass man unwillkürlich auf den Titelschildern den Namen des Bildhauers sucht, der dieses verrückte Teil gemeißelt und zusammengestellt hat. Hut ab vor dem Schöpfungs- und Gestaltungspotenzial der unbelebten Natur! Silberschwarz, Rubinrot, Smaragdgrün, Azurblau … es gibt keine Farben, die Steine nicht widerspiegeln oder durchscheinen lassen können. Beim Schlendern durch die Säle muss man sich zuerst an die Dunkelheit gewöhnen. Nur aus den Vitrinen strahlt das Licht. Die Räume sind allesamt schwarz gehalten, nichts soll von den Schätzen ablenken. Am besten hat mir der Amerika-Saal gefallen, in dem Spiegel die Vitrinen vervielfältigen und der Raumtiefe eine Unendlichkeit verleihen, die mit Absicht zu verwirren versteht. Oh Grenzenlosigkeit der Mineralwelt! Es streift mich ein Hauch der Glitzerwelt von Las Vegas.

In der Abteilung *Forschungsreise* können die Besucher selbst Mineralien anfassen und untersuchen – mit Dichtewaage und Mikroskop.

MITTLERES ERZGEBIRGE

Wehrkirche Großrückerswalde

18

Burg Kriebstein
Kriebsteiner Straße 7
09648 Kriebstein
034327 9520
www.burg-kriebstein.eu

RITTER RUNKEL LÄSST GRÜSSEN!

Burg Kriebstein

Die über 600 Jahre alte Ritterburg liegt im Vorland des Erzgebirges auf einem Felssporn hoch über der Zschopau. Direkt an der Burg führt eine kleine Straße vorbei, die mir seit Jugendjahren in Erinnerung geblieben ist. Früher war die Steilabfahrt gepflastert, mein Vater liebte es, sie bei Radtouren einzubauen. Oben auf dem Berg stand ein Warnschild: 25 Prozent Gefälle! Na hoffentlich hielten die Bowdenzüge, denn unten kam eine Steilkurve! Mit väterlichen Ermahnungen im Ohr kam ich tatsächlich immer heil unten im Tal an, obwohl ich es hasste zu bremsen.

Urkundlich erwähnt wird die Burg *Krywensteyn* erstmals 1384 in einem Brief des Ritters Dietrich von Beerwalde. Während des Zweiten Weltkrieges dienten die zwei Meter dicken Burgmauern als Auslagerungsort für bedrohte Kunstwerke, darunter auch wertvolles Inventar aus Ostpreußen, und das kam so: Heinrich Graf von Lehndorff lebte dort mit seiner Familie auf Schloss Steinort. Er beteiligte sich am Attentat auf Hitler in der Wolfsschanze, wurde hingerichtet. Seine Frau und die vier Töchter wurden inhaftiert, das Schloss leergeräumt. Die Kunstsammlungen gelangten nach Burg Kriebstein. 1947 sackte die Rote Armee als Reparationsleistung alles ein, und es verschwand auf Nimmerwiedersehen in der Sowjetunion. Jetzt kommt das Wunder. 1986 wurde bei Bauarbeiten ein stillgelegter Kamin in der Burg geöffnet – und die erlesensten Schätze rieselten auf die verdutzten Arbeiter hernieder.

Der Rundgang durch die Burg ähnelt auch einer Zeitreise mit Verblüffungen. Die Geometrie und Ausstattung der Räume ist derart abwechslungsreich, dass man keinen Wert mehr auf Orientierung legt. Irgendwann finde ich wieder heraus aus dem Gewirr von Treppen und verschachtelten Etagen, stehe unten an der Zschopau am Wehr und sinniere über ferne Ritterzeiten.

Das abgebildete Foto bekommen Sie aus der Mitte des angestauten Flusses hin, entweder auf der Luftmatratze oder schwimmend!

19

Schloss Lichtenwalde
Schlossallee 1
09577 Lichtenwalde
037291 3800
www.die-sehenswerten-drei.de

Romantischer Park voller Zierde

Schloss Lichtenwalde

Es handelt sich hierbei um ein barockes Schloss- und Parkensemble, wie man es in einer Gebirgslandschaft nicht unbedingt erwarten würde, sondern eher in Dresden. In der Tat gibt es unmittelbare Bezüge, denn unter August dem Starken, dem sächsischen Sonnenkönig, gewann das Kurfürstentum als europäische Großmacht an Aufschwung. Das Selbstbewusstsein dieser Glanzzeit wollte auch der Feudaladel repräsentieren und so entstand auf Initiative der beiden Grafen Watzdorf zwischen 1722 und 1726 die dreiflügelige Schlossanlage auf einem Plateau hoch über dem Zschopautal. Bis zur Enteignung 1945 prägte über acht Generationen die Familie der Grafen Vitzthum von Eckstädt die Entwicklung des prachtvollen Anwesens mitsamt seiner zum Schwärmen und Träumen anregenden Parkanlage. Der namentlich nicht überlieferte Gartenarchitekt meisterte die zur Zschopau hin abfallende Geländegestaltung mit Bravour, indem er auf die üblicherweise zum Schloss ausgerichteten Sicht- und Wegachsen verzichtete und stattdessen verschiedene Terrassenebenen mit Ziertreppen und sanften Wegerampen verband.

Man muss kein Bergsteiger sein, um sich den zehn Hektar großen Park erschließen und genießen zu können. 400 Wasserkünste soll es einst in diesem Park gegeben haben, die für Kurzweil illustrer Gäste sorgten. Am Delfinbrunnen bekommt auch der heutige Besucher noch einen Eindruck einstiger technischer Raffinessen, wenn durch eine Lichtschranke ausgelöst unvermittelt Wasserstrahlen lossprudeln.

Beim Lustwandeln durch sogenannte Gartenräume und Heckenquartiere wechseln sich munter verschiedenste Parkimpressionen ab. So gelangen Sie letztendlich durch ein »Vasenstück« hinunter zur Fontänenanlage der Sieben Künste, so benannt nach seinen sieben Springstrahlen. Von der Balustrade ergibt sich ein weiter Blick ins Zschopautal und in die Erzgebirgslandschaft.

Eine ähnlich freie Aussicht existiert leider vom Belvedere im Schlosshof nicht mehr. Das einstige Teehaus auf dem Felssporn ist von hohen Bäumen eingerahmt. Auch schön.

20

Schloss Augustusburg
09573 Augustusburg
037291 3800
www.die-sehenswerten-drei.de

Europas grösstes Motorradmuseum

Schloss Augustusburg

Mag sein, diese Titelzeile klingt etwas reißerisch, aber in der Tat wirkt Augustusburg auf Motorradfans aus aller Welt magnetisch, vor allem am zweiten Januarwochenende jeden Jahres zum traditionellen internationalen Wintertreffen. Egal wie viel Schnee liegt, Hunderte zelten am Schloss, nachdem sie bis zu 1.000 Kilometer Anfahrt bei Minusgraden auf Motorrädern gemeistert haben. Das sind sie, die winterharten Jungs mit raureifgefrorenen Bärten, die uns staunenden Besuchern zeigen: Es gibt nicht nur Warmduscher auf dieser Welt.

Der im 16. Jahrhundert entstandene Schlosskomplex diente den sächsischen Kurfürsten über 200 Jahre als Jagdschloss und zählt heute zu den schönsten Renaissanceschlössern Mitteleuropas. Wie von selbst lenken mich meine Füße nun ins Motorradmuseum, in dem 175 Exponate darauf warten, meine Augen zu weiten. Der Daimler Reitwagen mit Petroleummotor von 1885 gilt als das erste Motorrad der Welt und sieht nicht viel schneller aus als ein Rollator. Spannend dargestellt ist die Geschichte des damals an der Zschopau erbauten DKW-Werkes, das in den 20er-Jahren die größte Motorradfabrik der Welt darstellte. Zu DDR-Zeiten nannte sich die Nachfolge-Firma MZ für Motorradwerk Zschopau. Beim Weiterspazieren durchs Museum öffnet sich ein überraschend originell gestalteter Kinoraum, in dem man über Reihen von Motorrädern auf die Leinwand schaut. Der Geruch von Maschinenöl vermischt sich mit Szenen aus der erfolgreichen Ära der MZ-Geländemaschinen bei den Enduro-Weltmeisterschaften der Six Days.

In den Räumen der 70er- und 80er-Jahre werde ich ganz sentimental, denn hier treffe ich mit den Modellen TS 250/1 und ETZ 250 meine eigene Jugend wieder. Erinnerungen werden wach, wie ich mit diesen Maschinen einerseits den Trabis und Wartburgs das Fürchten lehrte und zum anderen mit meiner Freundin die Ostblockgrenzen in Bulgarien auslotete.

Als kleiner Abstecher lockt eine Fahrt mit der historischen Drahtseilbahn hinunter ins Zschopautal.

21

George-Bähr-Kirche
Besichtigung anmelden im Evangelisch-Lutherischen Pfarramt
George-Bähr-Straße 107
09509 Pockau
OT Forchheim
037367 9577
www.kirche-forchheim.de

Gottfried-Silbermann-Museum Frauenstein
Am Schloss 3
09623 Frauenstein
037326 1224
www.silbermann-museum.de

Zwei Genies wirken unter einem Dach

George-Bähr-Kirche

Wie kommt ein unbekanntes sächsisches Dorf 20 Kilometer südlich von Freiberg zu dem Privileg, gleich zwei der hochrangigen Meister ihrer Zeit für den Bau und die Ausstattung ihrer Kirche zu gewinnen? Glück spielte die entscheidende Rolle. Zum einen hatte der Rittergutsbesitzer gute Verbindungen zum sächsischen Hof in Dresden, zum anderen spendete ein Leipziger Kaufmann das nötige Kleingeld.

Sieben Jahre vor Beginn des Baus seines berühmtesten Werkes, der Dresdner Frauenkirche, übernahm der Ratszimmermeister George Bähr um 1719 die Bauleitung für die vergleichsweise kleine Dorfkirche. Im Prinzip handelt es sich um einen fast quadratischen Bau mit einem mittigen Glockenturm.

Gottfried Silbermann baute die Orgel und lieferte den Altar, die Kanzel sowie den Taufstein gleich mit, ein einmaliger Vorgang wie auch das Überleben von Kirche und Orgel bis in unsere Gegenwart: Die Dresdner Silbermannorgel war mit dem Zusammenbruch der Frauenkirche am 15. Februar 1945 für alle Zeiten verloren.

Die Forchheimer Kirche hat beide Weltkriege unbeschadet überstanden, auf alten Fotos macht sie einen verzierteren Eindruck: Lüster hängen im Kirchenschiff, die Holzdecke weist Ornamente auf. Heute wirkt das Kircheninnere schlicht. Als ich den Raumeindruck auf mich wirken lasse, beginnt die Orgel zu spielen. Wie es der Zufall will, hält die Kantorin gerade eine Übungseinheit an dem vortrefflichen Instrument. Der allmächtige Klang der Orgel durchdringt alles in der Kirche.

Ich schließe meine Augen und erinnere mich an frühe Kindheitstage, als in der *Mosaik* ein Erfinder seine Dampforgel mit Posaunenbässen derart überstrapazierte, dass nicht nur eine in der Nähe weidende Stierherde verrückt wurde und ausbrach, sondern die Pfeifen davonflogen, eine nach der anderen. Hier in Forchheim bleiben beim zarten Spiel der Kantorin alle Nägel in der Wand.

In Nassau (20 Kilometer östlich) gibt es übrigens die nächste Silbermannorgel in einer kleinen Dorfkirche, in Frauenstein ein Silbermann-Museum in der Burg.

22

Ölmühle Pockau
Mühlenweg 5b
09509 Pockau
037367 31319
www.pockau-lengefeld.de

Glück zu, wenn Flachs kommt!

Ölmühle

Einst gab es 16 Mühlen im Mündungsgebiet von Pockau und Flöha. Einst zierten blaublühende Leinfelder das Erzgebirge. Einst war das Leinöl die Butter des armen Mannes. Heute gibt es nur noch diese einzige funktionierende Ölmühle im Pockautal. Heute haben längst ertragreichere Feldfrüchte den Anbau von Leinsamen verdrängt. Heute schmiert der Erzgebirgler Butter auf's Brot. So haben sich die Zeiten in 230 Jahren geändert, seit die Mühle mit wenigen Unterbrechungen vor sich hin stampft. Bis 1945 wurde Leinöl hergestellt, ab 1970 fanden in dem unter Denkmalschutz stehenden technischen Museum Besichtigungen statt, inzwischen kümmert sich liebevoll der Heimat- und Mühlenverein um die alte Dame.

Wie funktioniert so eine Mühle? Den Antrieb über Wasserrad zum Stampfwerk mit Daumen- und Nockenwelle kennt man so ähnlich bereits von Hammerwerken. Der zerstampfte Leinschrot wird erhitzt und gelangt in eine eiserne Pressform. Der vierte und letzte Arbeitsgang verblüfft mich am meisten: In einer speziellen Presse wummert der Eisenhammer einen Holzkeil auf die Pressplatte. Der Ölkuchen in der Form erfährt dadurch einen gewaltigen Druck, sodass reines Öl herausgepresst und in einer Kupferschale aufgefangen wird. Die Pendelbewegungen des Hammers werden über lange Hebelkonstruktionen vom Wasserrad erzeugt, was für eine ausgefeilte Mechanik! Fasziniert lausche ich den Erklärungen der Vereinschefin Ilona Ranft, die hier alles praktisch vorzuführen versteht.

Im Dachgeschoss hängen an einer Leine Comicbilder aus der beliebten tschechischen Kinderbuchserie *Wie der Maulwurf zu seiner Hose kam*. Der Zeichner Zdeněk Miler verstand es wunderbar, auf wenigen Seiten die Verarbeitung der Faserpflanze zum Leinengewebe auch für Kinder verständlich darzustellen. Einmal mehr verdeutlicht dies, wie geschickt unsere Altvorderen die gesamte Pflanze verwerteten.

Der Zunftgruß aller Müller lautete: »Glück zu!« Erst wenn zur reichen Leinsamenernte genügend Wasser als Antriebsenergie hinzukam, war das Glück des Leinölmüllers vollkommen.

23

Museum Kalkwerk Lengefeld
Kalkwerk 4a
09514 Lengefeld
037367 2274
www.kalkwerk-lengefeld.de

Kalk, Kunst und Knabenkraut

Museum Kalkwerk Lengefeld

Seit fast 500 Jahren wird bei Lengefeld Kalkstein als Baustoff für die Industrie abgebaut, derzeit beläuft sich die tägliche Ausbeute der Lagerstätte auf 450 Tonnen Gestein. Das Alte Lager wurde in den Jahren 1978 bis 1986 in 24.000 Arbeitsstunden restauriert und zu einem Museum ausgebaut.

Ursprünglich wurde der Dolomitmarmor im Tagebaubetrieb gefördert. Ab 1925 wühlten sich die Bergmänner mit Bohrmaschinen in die Tiefe des Berges. Es entstanden größere Höhlen, die im Zweiten Weltkrieg eine besondere Funktion erhielten: Aus Angst vor Bombardierungen suchten die Sächsischen Kunstsammlungen in Dresden fieberhaft nach sicheren Depots für unersetzliche Kunstwerke. Fünf hölzerne Einheitsbaracken mit Klimaanlagen und Stromzufuhr wurden in den Stollen aufgebaut. 189 Gemälde und 54 Kisten mit Meißner Porzellan fanden ihren Weg ins unterirdische Kalkbergwerk. Tizians *Der Zinsgroschen* war ebenso dabei wie *Die Alte mit dem Kohlebecken* von Peter Paul Rubens. Im Sommer 1945 fuhren alle Kunstgegenstände als Beutekunst in Sonderzügen in die Sowjetunion, kehrten immerhin bereits 1955 in die DDR zurück, in erster Linie ein propagandistischer Schachzug, um den DDR-Bürger enger an den großen sozialistischen Bruder zu binden. Viele Kunstwerke blieben jedoch bis heute verschollen …

Zum zweiten spannenden Teil der Ausstellung führt ein steiler Fußweg hinunter in den Tagebruch. Stumm schauen einen die Mundlöcher der Stollen an – die ehemaligen Eingänge zum Untertagebau. Ein Wiesenteppich hat sich auf dem kalkigen Boden gebildet, auf dem im Sommer Tausende wilde Orchideen blühen. Die höchstens 15 Millimeter hohe Einzelblüte des Gefleckten Knabenkrauts ruft bisweilen Enttäuschung bei den Besuchern hervor, die ihre Orchideenvorstellungen aus dem Blumenladen im Kopf haben. Tja, was soll man dazu sagen? Haben Sie schon einmal eine Walderdbeere gesehen, die tennisballgroß ist?

Das Gefleckte Knabenkraut wächst bis zu 60 Zentimeter hoch und bildet eine Rispe mit Dutzenden Blüten.

24

Erste Station auf dem Stadtspaziergang: Spielzeugmuseum
Hauptstraße 73
09548 Seiffen
037362 17019

Freilichtmuseum
Hauptstraße 203
09548 Seiffen
037362 8388
www.spielzeugmuseum-seiffen.de

WEIHNACHTEN DAS GANZE JAHR

Spaziergang durch die Stadt

Was haben Seiffen im Erzgebirge und Lourdes in den Pyrenäen gemeinsam? Beide ziehen ungeheuer viele Menschen an, sodass Kitsch- und Souvenirgeschäfte in ihrer Vielzahl den Besucher förmlich erschlagen. In Bussen werden sie in Massen morgens angekarrt und abends wieder abtransportiert, am Portemonnaie ärmer, dafür die Reisetaschen voller Nussknacker, »Raachermannln« und Schwibbögen. In Lourdes stattdessen natürlich die heilbringende Madonna als Gipsfigur. Beide Städte wollen nicht so recht in die märchenhafte Schönheit ihrer umgebenden Bergwelt passen. Was hier in der Vorweihnachtszeit los sein soll, grenzt an das Gerangel und die quetschende Enge eines ausverkauften Open-Air-Konzertes. Zum Glück zeigt sich mir Seiffen an einem sonnigen Frühlingstag in angenehmer Besucherdichte.

Von der oktogonalen Bergkirche aus beginne ich von hier meine Stadtbesichtigung und besuche zunächst das obligatorische Spielzeugmuseum. Über drei Etagen sind Tausende Exponate aus den vergangenen Jahrhunderten ausgestellt, Volkskunst, die insbesondere Kinderherzen höher schlagen lässt. Ergänzend wirkt dazu das 1973 eröffnete Freilichtmuseum am südlichen Ortsrand, wo historische Gebäude eine dörfliche Atmosphäre aus dem 19. Jahrhundert vermitteln. Das war bei Weitem noch nicht alles. Seiffen hat auch Schauwerkstätten und Verkaufsausstellungen zu bieten wie in der Erlebniswelt der Richard Glässer GmbH. Nachdem ich mich durch Holzpyramiden und tannenbekränzte Schwibbögen zum Tresen vorgearbeitet und ein Ticket für die Schauwerkstatt gelöst habe, verlasse ich den Pyramidenwald durch eine kleine Tür und stehe mitten in der Produktionsstätte. Es riecht nach Holz und Leim. Männer stehen an Drehbänken oder Bohrmaschinen. Hier wird praktisch geschafft und ich darf zugucken. In den beiden oberen Etagen werden die Rohlinge bemalt und zusammengefügt.

Zur Abrundung ein Besuch beim Reifendreher im Freilichtmuseum, sozusagen einem der letzten Mohikaner seiner Zunft.

25

Fortunastollen Deutsch-katharinenberg
Fortuna Bernstein GmbH
Deutschkatharinenberg 14
09548 Deutschneudorf
037368 12942
www.fortuna-bernstein.de

Wo ist das Bernsteinzimmer?

Fortunastollen Deutschkatharinenberg

Wenn man nüchtern herangeht, könnte man den Fortuna-Stollen als ein ganz normales Bergwerk mit 500-jähriger Geschichte betrachten. Provozierender und vielversprechender wirken die Stichworte Abenteuer und Bernsteinzimmer, die hier einen besonderen Klang entfalten. Wo ist das Bernsteinzimmer abgeblieben? Einst schmückte es in üppiger Pracht den Katharinenpalast des russischen Zaren in Sankt Petersburg. Für viel Geld hatten es deutsche Kunsthandwerker und Edelschmiede für Russland angefertigt und geliefert. Im Zweiten Weltkrieg wurde das Bernsteinzimmer zunächst nach Königsberg ausgelagert, hier begannen sich die Spuren zu verwischen. In Kisten verpackt soll Weimar noch eine streng geheime Station gewesen sein, danach verlor sich die Spur. Die verrücktesten Spekulationen geistern seitdem durch Medien und Fachwelt. Was hat es mit Deutschkatharinenberg auf sich? Haben die Nazis das Kunstwerk zu Kriegsende hier unauffällig verstecken können, in den Tiefen eines schier unergründlichen Stollensystems?

2001 entstand mitten im Ort das Huthaus mit Hauptsaal, Galerie und Steigerstube unterm Dach. Ein humorvoll moderierender Stollenführer begrüßt uns am Mundloch im Kellergeschoss des Huthauses. Kupferschmelze und Feinsilber, die ursprünglichen Schätze dieses Bergwerkes, geraten rasch in den Hintergrund. Bernstein heißt das Stichwort, wir wollen es wissen! In einem beeindruckend großen Felsendom mit eingezogenen Bruchsteinmauern weist unser Bergmann nach unten: »Da könnte es noch liegen, irgendwo in der Tiefe.« Wir gucken an unseren Füßen vorbei – ins Wasser. »Vielleicht gibt es in einer unbekannten Höhle eine Luftblase – wer weiß?«, ergänzt er mit unbewegter Miene. So entlässt er uns rätselratend an die Oberfläche. Das Geheimnis des Bernsteinzimmers harrt also weiterhin seiner Lösung.

200 Meter talabwärts lohnt sich ein Abstecher zur Mineralienschleiferei von Tristan Roscher, der auch einheimischen Steinen zu Glanz verhilft.

26

Museum Saigerhütte
In der Hütte 10
09526 Olbernhau
037360 73367
www.olbernhau.de

KUPFER IN ALLE WELT

Museum Saigerhütte

Grünthaler Dachkupfer ist eine einzigartige Qualitätsmarke gewesen, begehrt wegen seiner grünen Patina, europaweit verlegt auf den Dächern von mehr als 400 bedeutenden Gebäuden.

Der heutige Denkmalkomplex mit über 20 historischen Häusern ist eine weitläufige Freiluftanlage und blickt auf eine fast 500-jährige Geschichte zurück. Relativ einfach war das Herausschmelzen des Edelmetalls aus Erzen wie Kupferschiefer. Als schwierig erwies sich hingegen lange Zeit das Abscheiden der wesentlich wertvolleren Silberanteile im Erz – erstmals um 1555 beschrieben: Es gelang unter Zugabe von Blei.

Dieses revolutionäre Verfahren des Saigerns schlug gleich zwei Fliegen mit einer Klappe: Das silberfreie Reinstkupfer war hochwertiger und weniger spröde und man gewann als Extra das begehrte Silber!

Wie wertvoll dem Landesfürsten die ganze Anlage gewesen ist, beweist eine noch heute teilweise erhaltene Ringmauer. Die Saigerhütte war eine kleine Stadt für sich mit Arbeiterhäusern, Beamtenkegelbahn, Schule und Hüttenschenke. Was muss es tagsüber für eine Geräuschkulisse gewesen sein? 20 Wasserräder setzten insgesamt 15 Hämmer, Blasebälge und Pochwerke in Bewegung. Heute ist nur noch der Althammer im Original funktionsfähig. Es ist beeindruckend, wenn sich die acht Tonnen schwere Eichenholzwelle durch Wasserkraft in Rotation versetzt und die Hämmer hochwuchtet, bevor sie auf den Amboss niedersausen. Wie gelang es den Schmieden nur, die 300 Kilo schweren Hämmer so zu handhaben, dass dellenfreie Kupferkessel entstanden?

Das Zentrum des hiesigen Hüttenwesens stellte die Lange Hütte dar, sie wurde 1952 wegen Baufälligkeit abgerissen und ist seit 1994 in ihren Grundmauern wieder freigelegt. Öfen, Herde und Wasserräder wurden rekonstruiert und an ihre ursprünglichen Standorte gesetzt. Mittlerweile drehen sich die Wasserräder in der Freiluftanlage leider nur noch im Präsentationsfilm des Museums, schade.

Ergänzende Geschichten erfährt man im liebevoll sanierten und breit gefächerten Stadtmuseum Olbernhaus, der Stadt der Sieben Täler.

27

Schwarze Pockau
Startpunkt Wanderung:
Berghaus am Katzenstein
Katzensteinweg 3
09496 Pobershau
03735 91490
www.das-berghaus.de

Fluss mit wilder Felskulisse

Schwarze Pockau

Mit den Farben ist es so eine Sache: Die Schwarze Pockau entspringt einem Hochmoor auf der böhmischen Gebirgsseite. Was bleibt der Quelle übrig, als die braune Färbung des Torfes anzunehmen, wenn sie ihr Wasser auf einen 33 Kilometer langen Weg talabwärts schickt?

Als wildromantisches Schwarzwassertal lässt der Fluss seit Generationen die Herzen von Wanderern höher schlagen. Oberhalb dieses alten Bergdorfes bietet sich der Katzenstein als Startpunkt für eine Rundwanderung an. Um das Felsplateau des Katzensteins rankt sich die Legende einer einstigen Raubritterburg. Als man dem Unwesen der Räuberei ein Ende setzen wollte und die Burg mit Kanonen beschoss, fegte die alte Amme des Raubritters alle anschwirrenden Kugeln mit dem Besen aus der Luft und machte sie damit unschädlich. Das »Fegeweib vom Katzenstein« wäre die ideale Torfrau im Fuß- oder Handball gewesen!

So verlasse ich den Katzenstein und wandere auf der Höhe am Grünen Graben entlang, einem künstlichen Wasserlauf, der vor über 300 Jahren von Bergleuten angelegt wurde, um die Pochwerke in Pobershau mit Wasserkraft zu versorgen. Acht Kilometer läuft man entgegen der Strömungsrichtung. Der Wanderpfad führt parallel zum Graben bis Kühnhaide, hier zweigt der Grüne Graben aus der Pockau ab und der Umkehrpunkt der Tour ist erreicht. Den eigentlichen Höhepunkt der Wanderung stellt der Talweg retour dar. Die Schwarze Pockau spielt mit den Steinen, seufzt, gurgelt, schäumt und rauscht an ihnen herum. Familien hocken mit Kind und Kegel teils auf Steinen im Fluss oder am Ufer und genießen die Idylle an heißen Sommertagen. Dunkle Waldpassagen wechseln sich ab mit Lichtungen. Nonnenfelsen, Teufelsmauer und Ringmauer sind die markantesten Formationen, an denen sich zuweilen auch Bergsteiger versuchen. Na, immer schön aufpassen, dass Sie die Schwerkraft nicht vom Felsen fegt – es grüßt die Sage!

Wer Aussichten liebt, dem sei wenige Kilometer südlich von Kühnhaide der Hirtstein mit seinem spektakulären prähistorischen Basaltfächer empfohlen.

28

Wehrkirche Großrückerswalde
Kirchberg 4
09518 Großrückerswalde
03735 63981 (Pfarramt, Anmeldung für Führungen)
www.kirche-grossrueckerswalde.de

EIN ABSTECHER NACH TRANSSILVANIEN

Wehrkirche Großrückerswalde

Wenn man durch Siebenbürgen reist, bilden Kirchen dieser Art fast in jeder Ortschaft das krönende Zentrum aller Gebäude und Anwesen. In Rumänien sind die Siebenbürger Wehrkirchen als trutzige Festungen konzipiert worden, in denen die gesamte Dorfgemeinschaft bei Angriffen der Mongolenheere und später der Türken wochenlang Unterschlupf und Schutz fand.

Ganz so gewaltig kommen die vier im mittleren Erzgebirge erhaltenen Wehrkirchen nicht daher, obwohl Schießöffnungen und Wehrgänge Parallelen zulassen. Historisch verbürgt ist die Tatsache, dass im 15. Jahrhundert bisher vorhandene Dorfkirchen massiv aufgerüstet und zur Verteidigung ausgebaut wurden. Vor und nach dem Sächsischen Bruderkrieg (1446–1451) lag eine ständige Unruhe und Kriegsgefahr über dem Land, was die Bauern im Erzgebirge veranlasste, einen Ort der Sicherheit zu schaffen.

Durchziehende Horden, Räuberbanden, plündernde Söldner und Mordbrenner verunsicherten die Bevölkerung, auch zogen Seuchen wie die Pest über das Land. Eine Wehrkirche als feste Burg schien ein Platz des Schutzes und der Verschanzung zu sein. Der erweiterte Dachboden fungierte als Notspeicher, und aus den Schießschlitzen zischten im Verteidigungsfall Pfeile, abgeschossen mit Bögen oder Armbrüsten. Die Innenansicht dokumentiert auch friedliche Zeiten vom Einbau eines barocken Altars bis hin zur Orgel aus dem 19. Jahrhundert. So zeigt sich das innere Gewand der Kirche viel verspielter und verzierter, als man von außen durch die trutzig abweisende Gestalt erwarten würde. Viele Details und Kleinode lassen sich beim Rundgang durch die Kirche entdecken, auch auf den Bildern an den zwei unteren Emporen. Das wertvollste, aber auch verstörendste Bild stammt aus dem Jahre 1583, eine Dorfansicht, auf der einerseits helle Engel Menschen vor dem Pesttod bewahren, andererseits bewaffnete Engel die Krankheit in die Häuser lassen.

Die anderen drei erhaltenen Wehrkirchen in Lauterbach, Dörnthal und Mittelsaida befinden sich im Umkreis von nur 20 Kilometern.

29

Schloss Wildeck
09405 Zschopau
03725 287170
www.schloss-wildeck.de

Renaissance trifft Zweitaktmotoren

Schloss Wildeck

Vom Fluss aus gelangen Sie zunächst in den barocken Ziergarten und werden entlang duftiger Hecken um das alte Gemäuer herum in den Burghof geleitet. Hier heißt Sie der Dicke Heinrich willkommen, ein 44 Meter hoher Wehrturm. Von seinen Zinnen bietet sich ein schöner Panoramablick über die 12.000 Einwohner zählende Erzgebirgsstadt. Mich zieht es magisch zu den *MotorradTräumen*. Die Motorradsammlung ist liebevoll aufbereitet. Passender ist die Unterbringung der Oldtimer in Gewölberäumen mit gepflasterten Steinböden kaum vorstellbar. Dutzende Motorräder stehen eng nebeneinander und strahlen Authentizität aus, als ob sie wüssten, dass sie hier an ihrem Geburtsort noch viele Generationen von Menschen erfreuen werden. Ihre Geschichte begann 1906, als der dänische Ingenieur Jørgen Skafte Rasmussen eine stillgelegte Fabrik im Zschopautal erwarb, um zunächst den Dampf-Kraft-Wagen zu entwickeln. Ab 1922 standen nur noch die drei Anfangsbuchstaben im Label und der Schritt vom Reichsfahrtmodell zu robusten Zweitaktmotorrädern brachte schwindelerregende Erfolge. Die Jahresproduktion belief sich auf über 60.000 Maschinen. Nach dem Zweiten Weltkrieg konnte das Motorradwerk Zschopau, nunmehr Volkseigentum, seine Erfolgsgeschichte fortsetzen.

Bis zur politischen Wende liefen über zwei Millionen MZs vom Band, geschätzt nicht nur als Exportschlager rings um den Erdball, sondern auch als Reisemobil im eigenen Land. Wie mein Vater erlag auch ich dem Virus des Motorradfahrens. Während mein Vater in den 50ern weit vor dem Mauerbau auf einer RT 125/3 (5,5 PS!) mit seinen Freunden von Dresden legal per Interzonenpass bis in die Alpen vordrang, konnte ich mich in den 80ern mit einer TS 250/1 (19 PS) zwar am technischen Fortschritt erfreuen, nicht aber an vergleichbarer Reisefreiheit.

Nach 1989 brach der Absatz weltweit ein. Mit der Liquidation verloren 3.200 Beschäftigte ihre Arbeit und ein großes Kapitel der Motorradgeschichte ging unrühmlich zu Ende.

30

Burg Scharfenstein
Schlossberg 1
09435 Scharfenstein
037291 3800
www.die-sehenswerten-drei.de

DER ROBIN HOOD DES ERZGEBIRGES

Burg Scharfenstein

Auf einem Felssporn hoch über der Zschopau grüßt die Burg den Reisenden schon von Weitem. Als Wehrburg vor knapp 800 Jahren errichtet, diente sie lange Zeit der Absicherung der Bergwerke und der Transportwege mit Silberfuhrwerken.

Im 15. Jahrhundert erfolgten an der mittelalterlichen Burg Umbaumaßnahmen im Stile der Renaissance, wodurch ein neuzeitlicher Herrensitz entstand. Mir gefällt schon der Aufstieg aus dem Zschopautal bis hin zum reichverzierten Portal, das den Eintritt zur Burg markiert. Eine lange Steinbrücke führt dahinter zum eigentlichen Burgtor – es ist der einzige Zugang und erklärt, wie es einst einem einzigen Manne gelingen konnte, die Burg einen ganzen Tag lang zu belagern und die Garnison in Schach zu halten. Es handelt sich hierbei um Karl Stülpner, Volksheld und Wilddieb.

In Scharfenstein 1762 geboren, durchlitt er eine entbehrungsreiche Kindheit, nachdem der Siebenjährige Krieg das Land verwüstet hatte. Angelockt von Aussichten auf ein besseres Leben verpflichtet sich Karl Stülpner 18-jährig als »Kurfürstlich-Sächsischer Musketier«, desertiert nach fünf Jahren und zieht ruhelos durch Europa, durchstreift böhmische und ungarische Gefilde und gelangt in Preußen wieder zum Militär. Erneut entflieht er, kehrt aus Heimweh ins Erzgebirge zurück und beginnt ein Leben als Wildschütz.

Er wird Anführer einer Schar abenteuerlicher Gesellen und verteilt die Jagdbeute auch unter der hungerleidenden Bevölkerung. Die Sympathien der Bauern sind groß, denn Karl Stülpner versteht es, die Obrigkeit zu foppen. Anekdoten geraten in Umlauf und trotz eines hohen Kopfgeldes verrät ihn niemand! Das schillernde Leben des Freiheitskämpfers nimmt im heutigen Museum auf der Burg viel Raum ein, die Ausstellung wirkt so erfrischend wie das Leben dieses Mannes.

Schauen Sie sich zur Einstimmung auf Karl Stülpner am besten die siebenteilige Serie des Fernsehens der DDR an: mit Manfred Krug in der Hauptrolle, aus dem Jahr 1973.

31

Hotel Schloss Rabenstein
Thomas-Müntzer-Höhe 14
09117 Chemnitz
0371 4446640
www.hotel-schloss-rabenstein.de

Burg Rabenstein
Oberfrohnaer Straße 149
09117 Chemnitz
0371 853353
www.burg-rabenstein.info

Golfbad Gesundheitspark
Thomas-Müntzer-Höhe 25
09117 Chemnitz
0371 852205
www.golfbad.de

BAROCKER PALAZZO UND URALTE BURG

Schloss und Burg Rabenstein

Rabenstein ist so etwas wie ein Naherholungsgebiet für die Chemnitzer, genau genommen sogar ein Stadtteil. Die kleinste mittelalterliche Burg Sachsens ist so klein, dass man sie geflissentlich übersieht. Zwar weisen Hinweisschilder zum Parkplatz, nur kann man auf ihm Kreise ziehen, so oft man will, den Blick auf sich zieht allein das barocke Herrenhaus, das mit grünem Golfrasen und einer hübschen Terrasse lockt. Einverstanden, ich gebe der Verlockung nach und spaziere auf das Schlösschen zu, drapiere mich in den angenehmen Schatten eines Schirmes. Die Stille fällt sofort positiv auf. Kein Lärm, kein Musikgedudel, stattdessen zwitschern die Vögel aus Bäumen und Hecken. Körper und Seele beginnen zu baumeln, wunderbar.

Das Schloss wurde erst in jüngster Vergangenheit saniert und öffnete 2012 als Vier-Sterne-Hotel seine edlen Pforten. Wohlan, schon kommt die Kaltmamsell um die Ecke gehuscht.

Wir kommen ins Plaudern, und auf meine Frage, wo denn hier der romantischste Ort sei, führt mich die junge Frau entschlossenen Schrittes ins Innere der noblen Herberge, mitten hinein ins Restaurant Siegert, dessen Höhepunkt der Speisesaal mit vergoldeten Lüstern, riesigen venezianisch anmutenden Spiegeln und einem Wintergarten bildet. Zum Schluss des Rundganges erklärt mir die freundliche Dame noch den Weg zur alten Burg: am Parkplatz vorbei, durch die Bäume hindurch in eine Senke gewandert und sodann den Blick erhoben! Och nee, ist die Burg kleen! Auf einem Schieferfelsen erhebt sich tatsächlich ein Bürglein, geschätzte 20 Meter in der Länge, in der Breite kaum sechs Meter! Im Prinzip sehen wir heute nur noch ein Rudiment – die Oberburg – der über 800 Jahre alten Anlage. Früher existierte noch eine Unterburg mit einer kompletten Ringmauer, die den Gebäudekomplex auf zwei Hektar Fläche umrahmte. Also los, nu guggsch mir mal den Rittersaal an!

Wohlfühl- und Entspannungsatmosphäre lässt sich ganz in der Nähe im Golfbad Gesundheitspark genießen.

32

Henry van de Velde Museum Villa Esche
Parkstraße 58
09120 Chemnitz
0371 5331088
www.villaesche.de

Jugendstil aus der Gründerzeit

Villa Esche

Während mich die Architektur der Chemnitzer Innenstadt mit ihren Nachkriegs- und DDR-Bauten sowie einigen verwegenen Betonfassaden aus der Nachwendezeit eher abschreckt, offenbart sich der Stadtteil am Kaßberg als ausgesprochen verträumt. Der Aufschwung zur Industriemetropole zum Ende des 19. Jahrhunderts spülte vergleichsweise wenigen Menschen viel Geld in die Taschen und so entstanden auf großzügigen Grundstücken prächtige Villen aus der Gründerzeit im Jugendstil. Neben dem Maschinenbau expandierte in Chemnitz insbesondere die Textilbranche.

Die Firma Moritz Samuel Esche schwang sich zum deutschlandweiten Branchenführer in der Strumpffabrikation empor. 1902 bekam der belgische Künstler Henry van de Velde den Auftrag, ein repräsentatives Wohnhaus für die Familie Esche am Kaßberg zu entwerfen. Henry van de Velde ging mit einem hohen Anspruch an die Aufgabe: Er wollte ein Gesamtkunstwerk kreieren – und die Idee ließ sich umsetzen. Die Villa Esche gilt als ein Musterbeispiel eines geradlinigen und rationalen Jugendstils und dokumentiert eine Vision, die Walter Gropius später mit seinem Bauhauskonzept konsequent vertiefte. Henry van de Velde beschränkte seine Entwürfe nicht nur auf die Hausgestaltung und Ausformung. Er bezog ebenso das Interieur mit ein: Türen, Lampen, Teppiche, Mobiliar, Porzellan und Silberbestecke. Selbst der Garten wurde dem Konzept der Villa angepasst. Nicht überliefert ist, ob auch das Kostüm der Hausdamen seinen Empfehlungen unterlag. Verbürgt sind Aufenthalte berühmter Künstler im Hause, so portraitierte der norwegische Maler Edvard Munch 1905 die Kinder der Familie. Nach dem Zweiten Weltkrieg kamen in rascher Folge verschiedene Nutzer zum Zuge wie die Sowjetische Militärkommandantur oder die Staatssicherheit. 2001 öffnete das heutige Museum in der Villa Esche seine Pforten.

Stilvoll ein Schälchen Heeßen genießen auf der Terrasse des Parkrestaurants. Heeßen? Kaffee natürlich.

33

Zentralbibliothek im Kulturzentrum »Das Tietz«
Moritzstraße 20
09111 Chemnitz
0371 4884222
www.stadtbibliothek-chemnitz.de

LESEN IM STEINWALD

Stadtbibliothek Chemnitz

Das Rätsel um die Wirkung von Geschriebenem ist weder vollständig noch eindeutig lösbar, weil der gleiche Satz bei jedem Menschen eine völlig andere Wahrnehmung und Verarbeitung auslösen kann. Fakt ist, dass die Neugierde und Leselust auf das Buch seit zwei Jahrtausenden bis heute ungebrochen scheint.

Der deutsche Buchmarkt kann sich über einen Mangel an Resonanz nicht beklagen, wenn zum Beispiel auf der Leipziger Buchmesse über 2.500 Aussteller in jedem Frühjahr mehr als 250.000 Besucher anziehen. Das gute alte Buch wehrt sich tapfer gegen die Medienüberflutung des Internet-Zeitalters. Bezeichnenderweise war in Bibliotheken einige Zeit bei den Sachbüchern der Titel *Digitale Demenz* ein Renner. Die Bibliotheken erfreuen sich ganz allgemein in Sachsen wachsenden Zustroms, und auch Chemnitz meldet neue Rekordzahlen in der Ausleih-Statistik. Die Zentralbibliothek ist wahrhaftig ein Vorzeigeobjekt und in ihrer Architektur einmalig. Das ehemalige jüdische Kaufhaus Tietz bildet seit 2004 Basis und Rahmen für fast 200.000 Medien, bestehend aus Büchern, Zeitschriften, CDs, CD-ROMs, Videos und DVDs. 35 PCs bieten die Möglichkeit des elektronischen Suchens, Stöberns und Surfens. Zum Ausgleich gibt es ein Lese-Café zum Kommunizieren und Entschleunigen.

Wer einfach nur träumen und den Blick schweifen lassen möchte, kann vom Galeriegeländer aus auf drei Etagen in den großzügigen Lichthof hineinschauen und über den Versteinerten Wald staunen. Vor kaum vorstellbaren 291 Millionen Jahren wurden durch einen Vulkanausbruch urzeitliche Pflanzen konserviert. Diese Funde von riesigen Schachtelhalmen und Baumfarnen wurden seit dem 18. Jahrhundert in einem Stadtteil von Chemnitz zutage gefördert und haben nun einen würdigen Platz im Atrium des kolossalen Gebäudes gefunden.

Viele hochkarätige Veranstaltungen laden auch abends zum Hören und Sehen in die Zentralbibliothek ein.

34

Karl-Marx-Monument
Brückenstraße – Kreuzung
Straße der Nationen
09111 Chemnitz
www.chemnitz.de

DOR NISCHL IN KAMS!

Karl-Marx-Monument

Die zweitgrößte Porträtbüste auf unserem Planeten thront seit 1971 mitten in Chemnitz auf einem Granitsockel – eine Lenin-Büste in Ulan-Ude ist nur einen halben Meter höher. Als die DDR-Parteioberen im zerstörten Chemnitz den Aufbau einer sozialistischen Musterstadt planten, bildete die Umbenennung in Karl-Marx-Stadt den ersten Schritt. Auch die Kulisse für den sieben Meter großen Karl-Marx-Kopf stellt bis heute ein lang gestreckter Beton-Glaskasten dar, den in der Mitte der letzte Satz aus dem Kommunistischen Manifest ziert. Durch das Scheitern des realen Sozialismus ist der ehemalige DDR-Bürger etwas allergisch auf die großartigen Theorien großer Geister.

Karl Marx hatte es nicht leicht im Leben, er litt lange Zeit unter gravierenden Geldnöten. Erbschaften und großzügiges Mäzenatentum seines Freundes Friedrich Engels gestatteten ihm erst in späten Jahren ein halbwegs komfortables Auskommen im Londoner Exil.

In jüngerer Zeit wurden in Deutschland Briefe zwischen den beiden Freunden bekannt, die einen bestechenden Einblick in den Menschen Karl Marx gewähren. Marx wirft mit Kraftausdrücken um sich, er lästert, schimpft, gefällt sich in selbstherrlichen Sprüchen und beleidigt berühmte Zeitgenossen. In der Porträtbüste von Lew Kerbel scheint Karl Marx das Lachen vergangen zu sein. Vielleicht ist er noch sauer, weil hinter ihm in den 80er-Jahren die Parteileitung ihren Sitz im Gebäude hatte und Karl Marx Parteien grundsätzlich nicht leiden konnte, jede sei »eine Herde von Eseln«. Oder weil er vor der Wende direkt auf einen Intershop starren musste …

Interessanterweise gab es 2008 ein Kunstprojekt, das eine Begehung des Innenkopfes möglich machte. Im Kopf eines Genies herumzustöbern, das Zentrum philosophischer Größe zu betreten, stelle ich mir als einen erhabenen Moment vor. Man hätte ja hoffen können, dass ein Geistesblitz auf die eigenen Gehirnwindungen abfärbt …

Die CD *Marx & Engels intim* bietet Einblick in die veröffentlichten Briefe, gesprochen von Harry Rowohlt, Gregor Gysi und Anna Thalbach.

OBERES ERZGEBIRGE

Annaberg vom Firstenweg aus gesehen

35

Thermalbad Wiesenbad
Freiberger Straße 33
09488 Thermalbad
Wiesenbad
03733 5040
www.wiesenbad.de

Oase für Körper und Geist

Thermalbad Wiesenbad

Anno 1496 zog ein Schäfer mit seiner Herde durch das Wiesental der Zschopau. Er war nicht mehr der Jüngste, ihm zog es mächtig in den Knochen. Immer wenn er am Waldessaum vom Quellwasser schlürfte, kam es ihm so vor, als ob der natürliche Trank aus den tiefen Erzadern des Dunkelwaldes Linderung verschaffte.

Das war die Geburtsstunde des Thermalbades Wiesenbad, das mittlerweile auf eine über 500-jährige Tradition zurückblicken kann. Ob der Schäfer an Problemen mit der Wirbelsäule gelitten hat oder an Arthrose erkrankt war, lässt sich heute nicht mehr nachvollziehen. Falls Sie unter Rückenschmerzen leiden, bietet Ihnen die Reha- und Kurklinik verschiedenste Therapien zur Heilung und Genesung.

Die Georgsquelle liefert seit Jahrhunderten ein konstant 26°C warmes Thermalwasser, das sowohl die Badebecken im Kurmittelhaus füllt als auch zum Ausschank in der historischen Wandelhalle zur Verfügung steht. Das Wasser sieht klar und farblos aus und schmeckt … anders als Leitungswasser. Der Geschmack ist schwach und deutet den Hauch einer Schwere an, die eher fühlbar als messbar sein dürfte. Chemisch analysiert, weist das Wasser eine Ionenbilanz mit einer Tendenz zum hydrogenkarbonierten Säuerling auf. Der Name sagt Ihnen nichts? Wie wäre es mit natrium- und calciumreicher sowie chlorid- und fluoridhaltiger Heilquelle, seit 1998 staatlich anerkannt?

Seit der politischen Wende hat sich in Wiesenbad einiges getan. Alte und neue Architektur ergänzen sich auf engem Raum, denn Bahnlinie und Straße zwangen die Baumeister, die begrenzte Fläche bis zum Steilhang effektiv zu nutzen. Ein Kurbad auf engem Raum wahrzunehmen und zu erleben, hat ja auch den Vorteil, alles sehr kompakt mit kurzen Wegen genießen zu können. Es ist mir schwergefallen, mich von der insgesamt einlullenden Atmosphäre dieses Kurbades wieder zu lösen. Gerne wäre ich länger geblieben …

Neben einer Vielzahl von Wellness-Massagen bietet Wiesenbad auch Heilfasten und »Auszeit mit Kräutergenuss« an.

36

St.-Trinitatis-Kirche
An der Kirche 1
09488 Thermalbad Wiesenbad OT Wiesa
03733 53133 (Pfarramt)
www.kirche-wiesa.de

Jugendstil vom Allerfeinsten

St.-Trinitatis-Kirche in Wiesa

Die Zeit um 1900 ist eine sehr friedliche Phase in Europa gewesen. Progressive Künstler probierten sich an einer neuen, erlesenen Kunst, dem Streben nach der Verklärung des Lebens. In Frankreich entwickelte sich der Begriff »Art nouveau«, in Deutschland »Jugendstil«. Als bedeutende Hochburgen sind in Österreich Wien zu nennen, in Böhmen Prag und im Erzgebirge: Wiesa.

Anfang des 20. Jahrhunderts stand in dem kleinen Dorf an der Zschopau der Kirchenvorstand vor der Wahl, die alte, baufällige und zu klein gewordene Kirche umbauen und sanieren zu lassen oder einen kompletten Neubau in Angriff zu nehmen. Malerisch sollte er werden, etwas Besonderes, was einen gewissen Mut in der Wahl der Gestalter und Bauherren erforderte. Die damaligen Dresdner Stararchitekten Gräbner & Schilling erhielten den Auftrag, präsentierten zwei Entwürfe. Der eine doppeltürmige Entwurf hätte einige Ähnlichkeit mit der heutigen Strehlener Kirche in Dresden gehabt. Nach heftigen Streitereien setzte sich der zweite Entwurf mit nur einem zentralen Turm durch.

Nach nur 16 Monaten Bauzeit konnte die neue Kirche 1904 geweiht werden. Eine originalgetreue wie behutsame Sanierung im Inneren erfolgte übrigens in den 70er-Jahren, eine erstaunliche Leistung der kleinen Gemeinde zu Zeiten der Mangelwirtschaft in der DDR.

Die Kirche wirkt zeitlos, wie sie auf einem Hügel über dem Fluss, in frischem Weiß mit grauen Schieferschindeln, von Weitem grüßt. Von außen ist es weniger ein verspielter, als eher ein kompakter, sachlicher Bau mit zentralem Turm.

Erst beim Eintreten trifft den ahnungslosen Besucher die ganze dekorative Pracht des Jugendstils. Sanfte Erdfarben, der Schwung der Schablonenmalereien, die schönen Kronleuchter und der schlichte Altar mit goldenem Zierat. Aus der Kuppel segnet Gottvater jeden, der unter ihm verweilt. Es ist ein Ort zum Wohlfühlen.

Einen Abstecher wert sind auch die restaurierte Kirche in Neundorf sowie der romantische Waldfriedhof mit Kapelle in Wiesenbad.

37

Passklausenturm
Geyersche Straße
09468 Tannenberg

Gemeindeverwaltung
Rittergut 1
09468 Tannenberg
03733 52820
www.gemeinde-tannenberg.de

FAST SO ALT WIE DER WALD

Passklausenturm

Tannenberg ist mit rund 1.200 Einwohnern eine der kleinsten Ortschaften im Erzgebirgskreis, und es stellt sich natürlich die Frage: Warum sollte sich der Reisende hierher verirren?

In dem lang gestreckten Dorf längs der noch jungen Zschopau dominieren weniger Tannen, eher Berge. Auf Gemeindegebiet befindet sich der geografische Mittelpunkt des Erzgebirgslandkreises. Er wurde 2008 neu gebildet, und rasch errechnete ein Computer die entsprechenden Koordinaten. Das lokale Fernsehen und die Zeitungen waren schon da, bevor jemand im Ort davon wusste. Die Filmleute fokussierten einige Ebereschen und zogen wieder ab. Das war natürlich kein Zustand, und so stellte die Gemeinde einen Stein mit Inschrift auf und daneben eine massive Holzbank aus Tanne.

Nicht viel jünger als der kürzlich 600 Jahre alt gewordene Ort dürfte das Rittergut lange Zeit der echte Mittelpunkt in Tannenberg gewesen sein. Nach der Wende wurde saniert und man stieß dabei in der Kelleretage auf mittelalterliche Gewölberäume aus Feldsteinen. Heute werden sie für Veranstaltungen genutzt.

Neben dem Rittergut stemmt sich der uralte Passklausenturm in die Höhe, umgeben von drei Seiten mit einem Wassergraben. Schauen Sie sich die geschichteten Feldsteine genauer an, mit welcher unglaublichen Exaktheit die unbearbeiteten Blöcke übereinanderliegen und wie schnurgerade und glatt die Mauern hochgezogen sind. Hut ab vor dem Können unserer Vorfahren.

Als weniger beständig haben sich in Tannenberg die Baumwollspinnereien erwiesen, die als Zeugen einer einst prächtig florierenden Textilbranche dem Erdboden entgegenbröckeln. Während das eine Riesengebäude von Carl Ferdinand Höffer inzwischen komplett abgerissen wurde, ragt der andere erbarmungswürdige Palazzo als Mahnmal für den Niedergang der Textilindustrie noch in den Himmel.

Sie finden die ehemalige Textilfabrik unmittelbar an der Straße hinter dem Ortsteil Siebenhöfen am Ortseingang Geyer.

38

Förderverein Schloss Schlettau
Schlossplatz 8
09487 Schlettau
03733 66019
www.schloss-schlettau.de

POSSIERLICHE POSAMENTEN

Schloss Schlettau

Obwohl das Schloss auf eine über 700-jährige Geschichte zurückblickt, ist das ganze Gebäudeensemble mit Renaissance-Herrenhaus und Barockflügeln eine recht überschaubare Anlage geblieben. Am beeindruckendsten ist mir die Schauwerkstatt für das Posamentenhandwerk in Erinnerung. Im 19. Jahrhundert gab es in Schlettau an die 20 Familienbetriebe der Posamentiererei, einem Textilzweig zur Herstellung von Borten, Quasten und Fransen.

Heute leben nur noch wenige, die diese Kunst beherrschen, darunter unser Museumsführer: Er lässt es sich nicht nehmen, sich geschickt in die verwirrende Apparatur aus Holzspanten, Hebeln, Pedalen und unzähligen parallel verlaufenden Garnen einzufädeln und die ganze Mechanik in Gang zu setzen. Fassungslos versuche ich den Bewegungsablauf zu erkennen: das virtuose Spiel der Beine auf Fußpedalen, die schnellen Verschiebungen von Holzschiffchen per Hand und die im Garn herumschnellenden Holzhebel! Keine Chance, dieses Konglomerat von dynamischer Mechanik aus dem 19. Jahrhundert zu begreifen. Was bleibt, ist das Staunen über den menschlichen Erfindergeist. Wie kann man sich nur so einen Fitzelkram ausdenken? Im nächsten Raum steht unter anderem eine Häkelgalonmaschine in Gusseisenrahmen mit Elektromotorenantrieb. Man stelle sich 24 Nähmaschinen auf engstem Raum vor, so ungefähr klingt der Sound dieses kinematischen Wunderwerks.

Erschüttert von so viel Innovationsreichtum unserer Altvorderen wanke ich in die nächsten Ausstellungsräume, in das Zentrum für Wald- und Wildgeschichte. Hier röhrt der Hirsch und es grunzt die Sau. Ein ausgestopfter Auerhahn guckt mich selbstbewusst an, ein stehender Braunbär holt bedrohlich mit der Pranke aus. Zum Abschluss kredenzt mir die Hausdame in der Schauwerkstatt noch einen Kräuterlikör, den ich mir selbst mixen darf.

Am romantischsten ist die Annäherung an das Schloss von hinten, an der plätschernden Zschopau vorbei durch den Schlosspark mit schönen alten Bäumen.

39

Bürger- und Berggasthaus Scheibenberg
Auf dem Berg 1
09481 Scheibenberg
037349 13344
www.buerger-berggasthaus.de

Turm mit buntem Treppenhaus

Scheibenberg (807 Meter)

Vielfältig sind die Lagerstätten dieses durch vulkanische Eruptionen entstandenen Tafelberges: Silber, Uran und Marmor! Bereits 1478 gruben Bergleute in der Zeche Maria Magdalena nach Silber, gründeten 1522 am Fuße des Berges die Stadt Scheibenberg, die heute mit ihrem hübsch anzusehenden quadratischen Marktplatz und barocker Häuserkulisse zum Rundgang einlädt. Beim Aufstieg stehen mehrere Varianten zur Auswahl. Der Untere Rundweg hält als Höhepunkt den Steilaufstieg mit über 300 Stufen parat, den Ottomar-Zahm-Steig, benannt nach einem Einheimischen, der in den 30ern des vergangenen Jahrhunderts mit Basaltblöcken den Weg gebaut hat. Reizvoller von den Aussichten her dürfte der Obere Rundweg sein bis hinauf zum modernen Aussichtsturm.

Der ursprüngliche 1891 errichtete Turm wurde zu DDR-Zeiten wegen Baufälligkeit gesprengt. Der Neubau von 1993/94 ist zwar mit 29 Metern um einiges höher, wächst aber leider mit den Gipfelbäumen nicht mit. So ist zwar die Freude auf der Aussichtsplattform groß, dass man im Gegensatz zu den meisten Türmen im Erzgebirge seine Nase nicht gegen Glasscheiben pressen muss, um die Bergwelt zu genießen. Leider erhält diese Frischluftoase einen herben Dämpfer, weil die Rundumsicht längst keine mehr ist. Nach Süden in Richtung Keil- und Fichtelberg versperren hohe Nadelbäume die Fernsicht, da hätten die Architekten sich mit einheimischen Förstern unterhalten sollen. Wenn der Blick nach außen zu wünschen übrig lässt, tut es ja eventuell der Blick nach innen. In der Tat bietet das Turminnere mit buntem Geländer eine sehr interessante Raumstruktur. Auch schön! Beim Heraustreten aus dem Turm fällt seine achteckige Form auf, ein Bezug zu den Basaltsäulen an der Nordseite. Die bis zu 30 Meter hohen »Orgelpfeifen« sind ein bedeutendes Geotop und schimmern hellgrau dem Reisenden noch lange hinterher.

Ein leuchtend braunes Kupfer-Bier aus der ortseigenen Fiedler-Brauerei ist im Berggasthaus der Mindestlohn nach dem Aufstieg.

40

»Zum Weihrichkarzl« Ladengeschäft & Schauwerkstatt Huss
Karlsbader Straße 187/189
09465 Sehmatal
OT Neudorf
037342 149390
www.weihrichkarzl.de

Rauchende Kegel, süßlicher Duft

Schauwerkstatt »Zum Weihrichkarzl« in Neudorf

Beim Betreten des Dreiseitenhofes direkt an der Hauptstraße ist in der Tat rasch zu spüren, dass hier ein Tüftler und Bastler, ein Querdenker am Werke ist. Im Hof fällt zunächst eine Springbrunnenskulptur auf, wo zwei Kinder unter einem Schirm stehen, aus dessen Spitze keck eine Wasserfontäne sprudelt.

Klassischer, erwartungsgerechter sieht es dann im Ladengeschäft aus. Räucherkerzen in scheinbar allen Variationen bestimmen einen Großteil des Sortiments. Beim genaueren Hinsehen in weitere Regale und Vitrinen fallen dann allerdings recht ungewöhnliche Artikel ins Auge wie aufwendig gestaltete Räucherkerzen-Miniherde aus Eisenblech oder richtige Zimmerkanonenöfen aus altehrwürdigem Eisenguss.

Was gibt es noch nicht, was braucht die Welt? Das ist ein Motto von Jürgen Huss, der die Firma in der dritten Generation übernommen und nach der politischen Wende zu neuer Blüte mit inzwischen 70 Mitarbeitern geführt hat. 40.000 Miniherde pro Jahr als ein Teil der Warenpalette erfordern einen eingespielten Mitarbeiterstamm. Das und noch vieles mehr erzählt mir Jürgen Huss bei einem längeren Gespräch in seiner Schauwerkstatt. Leicht hat er es zu DDR-Zeiten nicht gehabt. Als Schüler wurde er konfirmiert, damit waren die Chancen auf Abitur und Studium passé. Auch die Entscheidung für den NVA-Dienst als Bausoldat erwies sich als harte Lebensprobe. Jürgen Huss hat sich nicht unterkriegen lassen. Nach der politischen Wende nutzte er seine Chance und setzte seine sprudelnden Ideen in Realität um. Wie zum Beispiel die Räucherkerze mit Loch zum Auffädeln und damit guter Fixierung. Natürliche Rohstoffe aus Holzkohle und Stärkemehl mit Duftzutaten wie Sandelholz, Zimt oder Lavendel bewirken eine dezente Entfaltung der Duftaromen erst beim Abglühen, nicht in der Packung. Oder wie wäre es mit dem »Fastalleflaschenauf-undzumacher«?

Huss bietet dreistündige Seminare mit Selbstanfertigung von »Weihrichkarzeln« an. Keine Angst vor schwarzen Händen!

Weihnachtsmarkt in Annaberg

WIESENTHALER HÄUSEL

»Wenn es Raachermannl naabelt …«

Weihnachtszeit im Erzgebirge

In der Weihnachtszeit schmücken elektrisch betriebene Pyramiden die Marktplätze des Erzgebirges, bestückt mit teils lebensgroßen Schnitzfiguren und gedrechselten Kulissen. Über 200 solcher großen »Peremetten« soll es im Erzgebirge geben, Tendenz weiter steigend.

Der klassische Schwibbogen nimmt direkt Bezug auf die lange Bergbaugeschichte, zum einen durch den dargestellten Bergmann, zum anderen symbolisiert der Bogenrahmen das Mundloch eines Stollens. Meistens sind die Figuren innerhalb des Bogens aus dünnem Sperrholz gesägt oder industriell aus schwarz lackierten Blech gestanzt. Geschnitzte Bergmänner mit Grubenlicht stellen die harte Arbeit unter Tage dar, während kerzentragende Engel die Hoffnung auf das Wiedersehen mit der Sonne symbolisieren.

Der Nussknacker kommt ausschließlich im Gewand der Obrigkeit daher, als König, Hauptmann oder Forstbeamter. Nüsse knacken ist schwere Arbeit, das freut das einfache Volk, wenn die Reichen mal richtig ran müssen. Einmal mehr blitzt hier der Humor des Erzgebirglers auf. Insofern passt auch die verkniffene bis grimmige Miene des Nussknackers dazu.

Bei den Räuchermännchen (seit 1930 auch Räucherweibchen) gibt es eine enorme Spannbreite. Berufsgruppen der niederen Zünfte sind ebenso anzutreffen wie die einfache Hausfrau mit dampfenden Klößen. Der Fantasie der einheimischen Manufakturen sind kaum Grenzen gesetzt, und so hat sich das »Raachermannl«, zuweilen hart am Kitsch, als typischstes Volkskunstprodukt aus dem Erzgebirge über ganz Europa verbreitet.

Zum Brauchtum zählen die Weihnachtsmärkte, die sich längst überregionaler Bekanntheit erfreuen. In Städten wie Freiberg, Annaberg, Schwarzenberg und Schneeberg bestimmen sie das urbane Leben in der Adventszeit. Die berühmteste und größte Bergparade mit über 1.000 Teilnehmern findet alljährlich in Annaberg am 4. Advent statt, dazu reisen Bergmannsvereine aus ganz Deutschland an. In der

Regel ist die Stadt an dem Wochenende von Bussen und parkenden Autos ziemlich verstopft. Derart stressiger Trubel ist möglicherweise am Sinn von Weihnachten vorbei gezielt.

Was hatte ich für ein Glück als Kind, das schönste Traditionsfest des Jahres immer in Thum mitten im Erzgebirge erleben zu können, in der verschneiten Märchenwelt nahe der Greifensteine, wo meine Großeltern ihre gesamte Sippe um sich sammelten. Am Ortseingangsschild von Thum wurde unsere Familie im Auto erst einmal von einem überdimensionalen Schwibbogen begrüßt, da wurde nicht nur meinem Vater ganz »haamelig«. Am großen Haus meiner Großeltern in ihrer Gärtnerei kamen wir aus dem Staunen gar nicht mehr heraus:

Beleuchtete Sterne in den Fenstern, daneben geschnitzte Bergmänner und Schwebeengel. Im Haus duftete es nach Weihrauch und »Raachermannl«, und in der Wohnstube drehte sich ganz langsam und erhaben die vierstufige Holzpyramide, angetrieben von 16 Wachskerzen.

Am Heiligabend lief alles nach einem feststehenden Ritual ab. Gegen fünf am Nachmittag machten wir uns alle in die Kirche zum Mettenspiel auf – das war für mich als Kind ein exotisches wie aufregendes Schauspiel. Ich staunte angesichts der bunten Kostüme. Besonders stolz war ich, wenn einer meiner Cousins in einer Rolle mitspielte.

Kurz nach sechs waren wir wieder zu Hause, und es ging zu Tisch: Bratwurst mit Klößen. Der schönste Teil des Abends nahm nun in der Guten Stube seinen Anfang.

Hier versammelte sich die gesamte Sippe, an die 15 bis 20 Verwandte, drei Generationen unter einem Dach. Großmutter holte ihre Gitarre hervor, mein Vater nahm am Klavier Platz, ein bis zwei Blockflöten ergänzten die Instrumentierung, wir anderen bildeten den Chor. Eine Runde Weihnachtslieder, zwei Runden – dann krachte es an der Tür: Knecht Ruprecht war erschienen!

41

St. Annenkirche
Große Kirchgasse 21
09456 Annaberg-Buchholz
03733 4269922
www.annenkirche.de

Erzgebirgsmuseum mit Silberbergwerk »Im Gößner«
Große Kirchgasse 16
09456 Annaberg-Buchholz
03733 23497
www.annaberg-buchholz.de

EIN WUNDER AUS FELDSTEINEN

St. Annenkirche

Um sie führt kein Weg herum. Als historisches Schwergewicht ohnegleichen bildet sie das Rückgrat, das Wahrzeichen, das Herzstück der großen Kreisstadt Annaberg-Buchholz. Streng, gewaltig und unnahbar steht sie da, die Kirche. Der fast 80 Meter hohe Turm scheint uns in unserer Winzigkeit zu seinen Füßen gleichgültig zu übersehen. Im Inneren zieht ein lichtes dreischiffiges Hallengewölbe sofort alle Blicke auf sich und bildet einen Himmel voller verspielter Rippen. Sechsteilige Schleifenblüten werden von langen Fenstern hell beleuchtet und erzeugen eine heitere, gelöste Stimmung.

Wenn das Genick wehzutun beginnt, sollte man sich vom himmlischen Schauraum lösen und die Blicke horizontal auf den berühmten Bergaltar richten. Er ist fast so alt wie die Kirche selbst. Vier Bildtafeln auf seiner Rückseite bieten realistischen Anschauungsunterricht bergmännischen Lebens. Eine Schmelzhütte ist zu erkennen, in der die Arbeiter einen Ofen befeuern, aus dem das begehrte Silber flüssig herausrinnt. Auf einer anderen Tafel prägen Münzer das Silber zu Geld, eine verführerische Angelegenheit, bei der sich die Stadt auf ehrliche Leute verlassen musste. Mag sein, dass es kein Zufall gewesen ist, sich ordentlicher Rechenmeister mit untadeligem Ruf zu vergewissern: Adam Ries kam Anfang des 16. Jahrhunderts nach Annaberg und wusste nicht nur mit dem Zählen von Silbertalern zu beeindrucken. Das Mathematikgenie brachte Rechenbücher für den einfachen Mann heraus, was ihn beim Volk rasch berühmt und beliebt werden ließ. Doch das ist schon wieder eine andere Geschichte …

Beim Verlassen der Kirche werfe ich noch einmal einen Blick zum Turm hinauf, in dem bis heute eine Türmerfamilie lebt und sich ehrenamtlich der historischen Tradition widmet. Bei internationalen Treppenläufen hätten alle Familienmitglieder sicherlich allerbeste Chancen.

Vis-à-vis zur Annenkirche befinden sich das Erzgebirgsmuseum und das Besucherbergwerk »Im Gößner«.

42

Annaberger Kät
Alte Schützenwiese
(Kätplatz)
09456 Annaberg-Buchholz
www.annaberg-
buchholz.de/kaet

DAS GRÖSSTE VOLKSFEST IM ERZGEBIRGE

Annaberger Kät

Vor 1989 war alles etwas kleiner und bescheidener. Es gab Kettenkarussells, kleine Riesenräder, Autoscooter, Luftschaukeln zum Selber-Schwungholen, Losbuden, Hau den Lukas, Zuckerwatte und Türkischen Honig – genau wie in Dresden, nur alles ein bisschen kleiner. Diese Erinnerungen trug ich im Kopf und betrat nun im Frühling 2013 zum Samstagabend des Abschlusswochenendes mit der lässigen Arroganz des Großstädters das Gelände: Wird wohl nichts weiter sein auf so einer Provinz-Vogelwiese. Was für ein Irrtum!

Über 100 Schausteller haben ihre Stände, Rotationsschleudern, Monsterschaukeln und Bungee-Kicksprung-Kräne aufgebaut. Das Riesenrad überragt mit 48 Metern Durchmesser selbst die Annenkirche. Das gibt's fei net, was hier loos iss!

Die Annaberger Kät darf zu den ältesten Volksfesten in Deutschland gezählt werden. Sie findet seit 1520 immer zwei Wochen nach Pfingsten statt und dauert neun Tage. Der etwas sperrige Name Kät stammt wahrscheinlich vom Dreifaltigkeitsfest ab, was im Erzgebirgischen in »Dreifaltigkat« und später in »Kaat« oder eben »Kät« abgekürzt wurde. Am Vortage der feierlichen Eröffnung mit Schützenumzug lädt die Oberbürgermeisterin zum Ball ein, bringt Schausteller und Bürger an einen Tisch, nicht zuletzt, um die Toleranzgrenze der Anwohner für die kommenden sehr geräuschintensiven Tage zu maximieren. Schlechte Erfahrungen hat die Stadtverwaltung mit zwischenzeitlichen Eintrittsgeldern gemacht, da sanken die Zuschauerzahlen erheblich. Mittlerweile ist man davon wieder abgekommen.

Positiv aufgefallen ist mir die ganz friedliche und entspannte Atmosphäre unter den Leuten und die pure Lebensfreude, hier auf diesem Platz sein zu können. Mag sein, dass heute eine besondere Schwingung in der Luft lag, denn um halb elf zündete das traditionelle Feuerwerk am Pöhlberg.

Der Pöhlberg ist mit markanten Basaltsäulen, einem Rundwanderweg, Bergbaude und Turmaussicht jederzeit einen Abstecher wert.

48

Sächsisches Industriemuseum Zinngrube Ehrenfriedersdorf
Am Sauberg 1
09427 Ehrenfriedersdorf
037341 2557
www.zinngrube.de

DER DURCHLÖCHERTE SAUBERG

Zinngrube Ehrenfriedersdorf

Um 1240, also vor fast 800 Jahren, arbeitete sich ein Trupp Männer durch das verwilderte Seifental am Sauberg. Sie untersuchten die kleinen Erzbrocken im Bächlein und machten eine Entdeckung, die die Region äußerst nachhaltig beeinflussen sollte: Zinn!

Ehrenfriedersdorf erfuhr eine enorme Entwicklung zur bedeutendsten Bergstadt im Erzgebirge. Ausgefeilte Konstruktionen wie Radpumpen und Entwässerungsstollen trieben den Gangerzbergbau voran. Es entstand ein Netz von kilometerlangen Untertagestollen, dessen Gewirr den Besucher bis heute fasziniert wie verwirrt.

In einer vierstündigen Sonderführung nehme ich an der geologischen Wanderung durch das Ganglabyrinth teil. In der Kaue – dem Umkleideraum – verwandeln wir uns in Bergleute. Gummistiefel, grauer Nylonanzug, Gürtel mit Akku, Grubenlampe und Helm – derart uniformiert, geht es per Lift 100 Meter lotrecht in die Tiefe des Berges. Unser Grubenführer, ein ehemaliger Bergmann und heute Chef des Museums, fachsimpelt und bombardiert uns mit Namen, die fremd in unseren Ohren hallen: Cassiterit, Apatit, Baryt, Siderit …

Der Zinnanteil dieser Erze liegt bei 0,16 Prozent, das ergibt bei einer Tonne abgebauten Erzes 1,6 Kilogramm Reinzinn. 1.200 Hunte, die jeweils mit einer Tonne Erz beladenen Förderwagen, haben täglich den Berg verlassen. Die elektrische Grubenbahn ist auch heute noch voll intakt. Das Mitfahren in den umgebauten Waggons gehört zum Höhepunkt unserer Führung. Mit dem Ende der DDR am 3. Oktober 1990 fuhr auch der letzte erzbeladene Hunt aus dem Schacht.

Beim letzten Tageslicht gelangen wir wieder an die Erdoberfläche und sind alle irgendwie erleichtert. Raus aus der geheimnisvollen und bedrückenden Düsternis des Berges, raus aus dem engen Lift und rein in den original erhaltenen Ruheraum *Zur letzten Kippe*. Was für ein treffender Name!

Heilstollen für Asthmatiker und Allergiker. Die Reinstluft im Schacht ist einhundertmal sauberer als über Tage.

44

Naturtheater Greifensteine
Greifensteinstraße 44
09427 Ehrenfriedersdorf
03733 1407131
www.winterstein-theater.de

Freizeitbad Greifensteine Geyer
Badstraße 2
037346 106100
www.freizeitbad-greifensteine.de

DRAMEN VOR FELSKULISSEN

Greifensteine

Die Greifensteine wären ein ganz und gar unauffälliger flacher Bergrücken bei Geyer, gäbe es hier nicht diese einzigartigen Granitklippen, die ein schalkhafter Schöpfer in Urzeiten ähnlich den Kleckerburgen am Ostseestrand aufgeschichtet haben muss. So konnten sich die Greifensteine zu einem beliebten Ausflugsziel entwickeln.

Neben Wandern und Skilanglauf in dichten Fichtenwäldern auf der flachen und hochgelegenen Geyerischen Platte hat sich der Greifenbachstauweiher als Erholungsgebiet etabliert. Mit glasklarem Wasser zieht er Badegäste, Surfer und Segler ebenso an wie Ruder- und Tretbootfahrer.

Kulturelles Zentrum des Naturschutzgebietes bleibt die Freiluftbühne mit der malerischen Kulisse der Granitblöcke. Drei stehen innerhalb des Theaters, vier außerhalb. Es kann also passieren, dass sich Sportkletterer an den aufgetürmten Granitsäcken versuchen, während im Theater die Schauspieler zwischen den anderen Felsen herumtoben. Beim Zuschauer könnten Aufschreie zuweilen für Verwirrung sorgen: Gehört das zum Drama oder ist ein Bergsteiger abgestürzt? Seit über 160 Jahren finden im Halbrund der Felsen Theaterstücke statt, seit 1952 unter der Regie des Annaberger Stadttheaters. Bis zur politischen Wende fungierten die Greifensteine auch als Spielstätte für Open-Air-Kino, davon hat man inzwischen Abstand genommen zugunsten von Opern, Operetten, Konzerten sowie Märchenspielen und natürlich dem Abenteuerstück um den legendären Karl Stülpner.

Die Vorstellungen sind meistens gut besucht. Bei den lichttechnisch herrlich illuminierten Abendvorstellungen gilt es, sich mit einer Decke auszustatten, denn hier auf 700 Metern kriecht die Nachtkühle rasch in die Glieder. Karl Stülpner hat sich gegen Erkältung damals höchstwahrscheinlich ein Feuerchen vor seiner Höhle gemacht. Sie ist ganz in der Nähe bis heute zu besichtigen.

An trüben Tagen sind heitere Stunden im Spaßbad Ana-Mare am Stadtrand von Geyer garantiert.

45

St. Annenkirche
Chemnitzer Straße 1
09419 Thum
037297 2215 (Pfarramt)
www.thum-kirche.de

DAS ZWEITE ZUHAUSE MEINER KINDHEIT

St. Annenkirche

Wenn ich weit zurückdenke, sehe ich unsere Familie im roten Škoda Oktavia mindestens viermal im Jahr von Dresden nach Karl-Marx-Stadt auf der Autobahn fahren und dann direkt nach Süden gen Thum bei Annaberg abbiegen, der Heimat meines Vaters. Der letzte Berg hinter Gelenau hatte es in sich, da erzählte Vater immer dieselbe Geschichte: Nach dem Krieg gab es kein Benzin, Holz hingegen immer. Die Autos hatten Holzvergaser, die Motoren damit nur die halbe Leistung. Mein Opa musste vor dem Berg stets wenden und das Auto rückwärts hochfahren, denn der Rückwärtsgang war kleiner übersetzt als der erste Gang!

Herzstück meiner Familie war in Thum stets die familieneigene Gärtnerei, die auf meinen Urgroßvater zurückging. Für 3.000 Goldtaler erwarb er vor mehr als einhundert Jahren ein Grundstück von 10.000 Quadratmetern Fläche. Mit gärtnerischem Geschick entwickelte sich der Betrieb trotz zweier Weltkriege und sozialistischer Ära bis zur politischen Wende 1989 positiv, aber Billigware aus Holland läutete den langsamen Niedergang ein. Dennoch wurde die Gärtnerei bis 2018 von meinem Cousin bewirtschaftet. Nun hat er aufgegeben. Eine Geschichte ohne Happy End.

Die St. Annenkirche schräg gegenüber trotzt seit ihren Anfängen im 12. Jahrhundert stürmischen Zeiten. Um 1490 erweitert und nach dem Brand von 1702 repariert, kam ihre schwärzeste Stunde am 14. Februar 1945. Einen Tag nach der Bombardierung von Dresden nahmen am Ende des Zweiten Weltkrieges Fliegerverbände auch Thum ins Visier. Bereits im Januar 1946 beschloss der Kirchenvorstand den Wiederaufbau der Kirche, im Dezember 1951 fand die Weihe mit neuem Geläut statt. Die Stahlglocken von der völlig zerstörten Nikolaikirche in Chemnitz konnten erworben werden und schallen bis heute mit ihrem harmonischen Dreiklang über das Tal. So ist mein neuer Lieblingsplatz in Thum inzwischen die Kirche geworden.

Zwei Marktplätze, Tiergarten und zwei Lehrpfade zur Bergbau- und Schmalspureisenbahntradition laden zum Rundgang ein.

46

DDR-Museum
Straße der Einheit 11
09423 Gelenau
037297 7033

ERICH HONECKER IM GOTTESHAUS

DDR-Museum

In Mecklenburg aufgewachsen, zog Andrea Müller 1984 wegen der herrlichen Landschaft und gutbezahlter Arbeit als Textilfacharbeiterin im VEB Feinspinnerei hierher. Jahrzehnte später fielen ihr beim Aufräumen auf dem Dachboden verstaubte Poesiealben, Kinderbücher, Pionierhalstücher und das eigene Tagebuch in die Hände. Sie fand das alles sehr aufhebenswert und begann weitere Utensilien aus fernen DDR-Zeiten zu sammeln. Alsbald reichten die Exponate für eine Wanderausstellung, die mit großem Erfolg auf Schloss Augustusburg ihren Anfang nahm. Nach drei Jahren Herumtingeln eröffnete Andrea Müller schließlich 2008 eine ständige DDR-Ausstellung im Gebäude der ehemaligen Methodistenkirche in Gelenau.

Das war Provokation genug, um ein gewaltiges Blätterrauschen nicht nur in der regionalen Presse zu verursachen. Bessere Publicity konnte sich die Museumsgründerin gar nicht wünschen, in den ersten Monaten standen die Menschen in Schlangen an wie früher am Gemüseladen, wenn es Bananen gab.

Die Aufregung hat sich inzwischen längst gelegt, immerhin besuchen an die 5.000 Leute jährlich die kleine Ausstellung. Die meisten sind über 40, einmal stand ein 12-Jähriger baff erstaunt am Eingang, sah in die Halle und sagte: »Ist ja alles ganz bunt, ich dachte, in der DDR wäre alles schwarz-weiß!« In der Tat präsentiert sich hier DDR-typische Farbigkeit auf vielfältigste Weise: im Wohnzimmer der gedeckte Sonntagstisch, im Kinderspielzimmer Plüschtiere und Plastikbagger, in der Schule einträchtig nebeneinander Wandzeitung und Honecker-Porträt sowie im Tante-Emma-Konsumladen alles vom Ata-Putzmittel bis zum Zucker. Ich bin selber überrascht, wie unglaublich vertraut mir alles ist, obwohl die politische Wende ein Vierteljahrhundert her ist. In dem Moment nehme ich es als Horizonterweiterung wahr, zwei vollkommen konträre Gesellschaftssysteme erlebt zu haben.

An den Traditionsstandort Gelenau mit einstmals 39 (!) Strumpfbetrieben erinnert das Erste Deutsche Strumpfmuseum, Rathausplatz 1a, www.ahogee.de

47

Den **Waldesrausch** erleben kann man etwa am Sauberg nahe 09427 Ehrenfriedersdorf

IRGENDWO IM NIRGENDWO

Waldesrausch

Diese Stelle gibt es tausendfach im Erzgebirge. Was macht der Wald mit mir? Woody Allen, der Stadtneurotiker, gab einmal einen für ihn so typisch rätselhaft wie unergründlichen Satz von sich: Er fühle sich sehr wohl im Walde, denn die Bäume wollen nicht immer gleich Geld borgen. Neben dem ironischen Unterton klingt da noch eine andere Ebene durch. Wer sich im Wald aufhält, befindet sich in einer Position jenseits von finanziellen Dingen. Geld spielt in diesen Momenten nicht die allergeringste Rolle, denn es nützt hier nichts – oder haben Sie schon einmal einen Baumstamm gesehen, in den man Münzen einwerfen kann?

Spazieren und Verharren im Wald bedeutet insbesondere Stille. Sie schenkt mir inmitten dunklen Grüns eine Erholsamkeit, wie ich sie außerhalb dieses fichtenumkränzten Rahmens selten finde.

Es ist ein Tag Anfang März. Noch liegt ein halber Meter Schnee im Erzgebirge. Kein Windhauch geht. Die Sonne blinzelt durch die Fichten. Die Stille ist kaum auszuhalten. Ich schaue nach oben. Wie auf Kommando hebt ein Rauschen an, die Bäume beginnen zu schwanken, zu wippen, zu schwingen. Eine Ladung Schnee stiebt mir ins Gesicht. Fichtengrüne und erlenrote Nadeln werfen ihr weißes Kleid ab, als ob sie sich für den nahenden Frühling putzen. Die Sonne ist weg, und dunkle Nebelschwaden schweben durch und über den Wald dahin.

Weiß eingestäubt stehe ich da und habe mit den Bäumen quasi meine Kleider getauscht. Die Zweige der Bäume rauschen in den Sturmböen. Ebenso plötzlich wie er gekommen ist, legt sich der Wind wieder. Die Schwingungen des Waldes ebben ab, bis alles stillzustehen scheint, und die Lautlosigkeit sich wieder in den Vordergrund schiebt.

Da hebt ein Hämmern an. Horchämalhie – ein Schwarzspecht hackt wie wild in einen morschen Stamm, soll das der Schlitz zum Münzeinwurf werden? Klar, für das soeben gebotene Naturschauspiel ist eine Gebühr fällig. Bald regiert der Zaster auch im Wald.

Am ehesten finden Sie den Waldesrausch in Höhenlagen, wo der Wind richtig Kraft entwickelt und in mächtigen Fichten große Angriffsflächen findet.

48

Fichtelberg Gästeinformation Kurort Oberwiesenthal
Karlsbader Straße 3
09484 Oberwiesenthal
037348 155050
www.oberwiesenthal.de

Fichtelberg Schwebebahn
Vierenstraße 10
09484 Oberwiesenthal
037348 12761
www.fichtelberg-ski.de

DA GEED'S HOCH NAUS UND TIEF NUNNER

Fichtelberg

Wenn man winters nicht im Massentourismus versinken will und der Fichtelberg ein Lieblingsplatz werden soll, dann gilt es, ihm an sehr selektiven Zeiten einen Besuch abzustatten. Ferien fallen schon mal aus, auch die schneereichen Wochenenden im Winter sollte man tunlichst meiden. So bleiben die Werktage, an denen sich nach einem Blick auf den Wetterbericht tatsächlich die Anreise lohnt. Im gesamtdeutschen Maßstab eher lächerlich von der Höhe her, war er mit 1.215 Metern Meereshöhe zu DDR-Zeiten der höchste Berg der Republik. Heute ist er immer noch der höchste Berg Sachsens und die einzige alpine Skiarena in unserem Bundesland. 15 Kilometer Abfahrtspisten bieten allerlei Kurzweil, nicht nur durch die breite Palette von Ziehwegen im Wald und bis 100 Meter breite Hänge, sondern auch wegen der verschiedensten Optionen, wieder nach oben zu gelangen: vom alten DDR-Schlepplift über den modernen Vierer-Sessellift bis hin zur ältesten Schwebeseilbahn Deutschlands. Wenn um die Mittagszeit die Sonne die Haupthänge weich und langsam gemacht hat, bietet der Nordhang mit der Himmelsleiter noch eine schneeharte Variante. Der Lift ist allerdings so langsam, dass man meinen könnte, zu Fuß schneller zu sein. Probieren tut es keiner. Kurzweilig ist ja bei der zehnminütigen Auffahrt oft die Kommunikation mit dem Skipartner auf der anderen Seite des Schlepphebels.

Häufig ergeben sich interessante Zufallsbekanntschaften, sodass sich am Ziel ein gewisses Bedauern einstellt, dass die Liftfahrt so »schnell« zu Ende gegangen ist.

Was hat mir die Frau beim Abschied noch zugerufen? »Auf ein Wiedersehen bei Fichkona!« Ahja, das ist das große Fahrradspektakel alljährlich im Mai, wenn 1.000 Extremsportler auf dem Fichtelberg gemeinsam starten und nonstop bis Kap Arkona auf der Insel Rügen an der Ostsee durchkurbeln. Die Welt wird immer verrückter.

Die höchstgelegene Stadt Deutschlands Oberwiesenthal (914 Meter) am Fuße des Fichtelberges ist mindestens einen Spaziergang wert.

49

Informationen zum **Keilberg** erteilt das **Infozentrum Boží Dar**
Boží Dar 1
CZ-36262 Boží Dar
+420 603539020
www.bozidar.cz/de

EIN RECKE UNTERM BÖHMISCHEN HIMMEL

Klínovec (Keilberg)

Er muss in dieses Buch. Kein Weg führt an ihm vorbei. Er ist der Größte, der Höchste, der König des Erzgebirges: der Keilberg, 1.244 Meter hoch. Er krönt den böhmischen Erzgebirgskamm und von Süden betrachtet steht er da wie eine dunkle Wand und überragt um 800 Höhenmeter das Egertal mit seiner gewaltigen Haube vulkanischen Ursprungs aus Glimmerschiefer und Basaltstöcken.

Zum Abfahrtsskilaufen bietet der Keilberg mit seinen Nordhängen häufig bessere Schneequalität als der Fichtelberg, auch die schwungvollen Abfahrten ohne Engstellen und Ziehwege sind mehr nach meinem Geschmack. In Summe gibt es sieben Schlepp- und vier Sessellifte mit über zwölf Kilometern Abfahrtspiste, darunter auch die längste im gesamten Erzgebirge, die *Jáchymovská*. Die Tschechen haben in den letzten Jahren viele Kronen in den alpinen Skizirkus investiert. Neuerdings gibt es auch eine Skischaukel, die Boží Dar direkt mit dem Keilberg verbindet. Zu anderen Jahreszeiten bieten sich für Sportenthusiasten mehrere Downhill-Strecken an, hier können Mountainbiker entsprechend der eigenen Kühnheit zwischen verschiedenen Schwierigkeitsgraden ihre Strecke wählen: schwarz, rot oder blau. Zum Training empfiehlt sich die *Stoneman-Runde* von Jáchymov hinauf zum Keilberg über 700 Höhenmeter!

In alten Chroniken ist nachzulesen, dass im Mittelalter Schneelawinen am Keilberg zu Tale rasten, Schneisen in den Wald rissen und Häuser zerstörten. Vor 200 Jahren wurde auf dem Berggipfel die erste Aussichtspyramide errichtet. Bis 2012 markierte der Kaiser-Franz-Joseph-Turm mit dem etwas verwitterten Berggasthaus den Gipfel. In jüngster Vergangenheit wurde der Aussichtsturm abgerissen und originalgetreu wieder aufgebaut. Die Bergwirtschaft bröckelt hingegen still vor sich hin, es gibt immerhin einen kleinen Hostinec (Imbiss) in der Nähe des neu gebauten Lifts.

Auch für Langlaufenthusiasten bietet der Keilberg gepflegte Loipen auf dem Kamm an Boží Dar vorbei zum Špičák.

WESTERZGEBIRGE

Blick über die Talsperre Eibenstock zum Auersberg

50

Sportpark Rabenberg e.V.
08359 Breitenbrunn
037756 1710
www.sportpark-rabenberg.de

TASTER LOOP ODER BLACK RAVEN?

Sportpark Rabenberg

Bis in die Mitte des 20. Jahrhunderts schlummerten die dichten Wälder am Rabenberg still vor sich hin. Ab und zu qualmte mal der Meiler eines Holzköhlers.

Mitte der 50er-Jahre begannen unruhige Zeiten auf dem 913 Meter hohen, lang gestreckten Buckel des Rabenbergs. Auf der Suche nach dem begehrten Uran entstand ein Bergarbeiterdorf mit fast 5.000 Bewohnern. Wenige Jahre später waren die Erzgänge erschöpft, die Siedlung drohte zu verwaisen. Das Staatliche Komitee für Körperkultur und Sport hatte die Idee, auf dem Rabenberg ein Zentrum für den Hochleistungssport einzurichten. Mit der Eröffnung einer Sportschule des DTSB der DDR entsteht ein Paradies für junge Sporttalente. Für Normalbürger ist das gesamte Gelände gesperrt. Das ändert sich erst nach der politischen Wende mit der Umwandlung in einen modernen Sportkomplex für jedermann. Die Bandbreite an Sportarten ist enorm: vom Skifahren bis Nordic Walking über Schwimmen bis hin zum Turnen und Tanzen.

Der letzte Schrei ist der erste Mountainbike-Singletrail-Park im Erzgebirge. Zugegeben, ich war etwas verunsichert nach dem Studium einer Fachzeitschrift, die mit einem Feuerwerk von Anglizismen um sich wirft, vermutlich um den Adrenalinspiegel zu erhöhen. Da ist von Slopestyle Downhill die Rede, von Stylish Whips, vom Smoothen und Shreddern, und von Backflip Bar Spin … Ich wollte eigentlich nur ein bisschen mit dem Fahrrad durch den Wald fahren. Im Trailcenter bekomme ich ein uphill-fähiges Fahrrad geborgt, eine Landkarte und ab geht's. Über Stock und Stein, Wurzeln und überhöhte Steilkurven gilt es, sich höllisch zu konzentrieren. Tiefe Pfützen und erdiger Boden erfordern fein dosiertes Spiel an den Bremsen, um in der Balance zu bleiben. Ab und an kommen kleine Sprungschanzen des Weges, wohl damit die Tiere des Waldes ungestört kreuzen können. So nutzt jedes Lebewesen den Wald auf seine Art!

Im Hotel können Sie sich direkt auf dem Berg einen sportlich aktiven Urlaub gönnen.

51

Sächsisches Schmalspurbahn-Museum Rittersgrün
Kirchstraße 4
08359 Breitenbrunn
OT Rittersgrün
037757 7440
www.schmalspurmuseum.de

UNSER BIMMELBAH RAACHT NIMMER

Schmalspurbahn-Museum Rittersgrün

»Pöhler Pussel« nannten die Einheimischen liebevoll ihre Schmalspurbahn, die ab 1889 über acht Jahrzehnte zwischen Grünstädtel und Oberrittersgrün hin- und herzuckelte. So wie im Pöhlwassertal dampften viele Züge der Königlich-Sächsischen Staatseisenbahn Ende des 19. Jahrhunderts auf 750 Millimetern Spurweite durchs Erzgebirge. Zu DDR-Zeiten kam es wegen mangelnder Pflege und Wartung zum großen Sterben der Kleinbahnstrecken. Im regelmäßigen Fahrplanverkehr pendeln heute immerhin noch Nostalgiezüge auf drei Strecken: Cranzahl – Oberwiesenthal, Freital – Dippoldiswalde sowie im Preßnitztal zwischen Steinbach und Jöhstadt. Die Faszination von Dampfloks ist bis heute ungebrochen. Mit ihrer urwüchsigen Mechanik und dem Sound ihrer Dampfmaschine sammelt eine alte Lok geradezu spielend Kinder- und Männerherzen ein. Diese geräuschemotionalen Zeiten sind vorbei, die Gleise längst demontiert. Nur in Rittersgrün ist die Endstation mit Lokschuppen, Güterschuppen und Empfangsgebäude erhalten geblieben und zum Museum umgewandelt worden.

Die Dienstuniformen hängen im Schrank, die Kaffeekanne steht auf dem Ofen – als ob der Eisenbahner nur mal kurz rausgegangen wäre. Es scheint eine gemütliche Ära gewesen zu sein. Das hektischste Gerät war offensichtlich der Morsetelegraph mit seinem Tickern, wenn der nächste Zug durchs Tal schnaufte.

Maschinenölig wird es beim Eintritt in den Lokschuppen. Hier stehen zwei ausgewachsene Dampfloks nebeneinander. Die Loks beleben mit ihrem Flair an Museumsfesttagen den Bahnhof. Im hinteren Teil des Lokschuppens ist eine fantasievoll gestaltete Modelleisenbahnanlage mit brausenden Zügen zu bewundern. Zum Abschluss des Rundganges steht da ein originaler Reisezugwagen. Man fühlt sich sofort um 100 Jahre zurückversetzt.

Noch mehr Dampfloks gibt's im Eisenbahnmuseum Schwarzenberg anzufassen oder noch lebendiger mit der Bimmelbahn durchs Preßnitztal!

52

Bergmannsdom St. Wolfgang
Kirchgasse 7
08289 Schneeberg
03772 39120 (Pfarramt, Anmeldung für Führungen)
www.st-wolfgang-schneeberg.de

SPÄTGOTISCHER BERGMANNSDOM

Bergmannsdom St. Wolfgang

Es gibt wohl keine vergleichbare Bergstadt im Erzgebirge, bei der von allen Seiten ein monumentales Gebäude stets unübersehbar bleibt: St. Wolfgang mit seinem 72 Meter hohen Turm. Dass sich eine so kleine Stadt wie Schneeberg (heute 16.000 Einwohner) überhaupt so einen riesigen Sakralbau leisten konnte, bleibt einmal mehr dem Silber geschuldet.

Bereits 1477 gab es mit der Freilegung einer Erzstufe mit reichlich Silber einen sensationellen Fund. Ab 1481 durfte sich Schneeberg *Freie Bergstadt* titulieren. Inzwischen war durch die über 200 Gruben im Revier ein Überangebot entstanden, das letztlich in einen harten Arbeitskampf ausartete: Auf die Kürzung von Wochenlöhnen, das »Brechen um einen Groschen«, reagierten 1498 die Bergleute mit einem erfolgreichen Aufstand. Seitdem wird alljährlich bis heute am 22. Juli der Bergstreittag mit einem großen Bergmannsumzug und festlichem Gottesdienst gefeiert. Im Laufe des 16. Jahrhunderts waren die Fördermengen an Silbererz rückläufig. Glück für die Kirche St. Wolfgang, dass sie noch in der Hochkonjunkturphase mit gediegenen Silberlingen bezahlt werden konnte. 1719 fiel fast die gesamte Stadt zu Füßen des Doms einem Feuersturm zum Opfer. Glück im Unglück: Der damals prägende Baustil brachte Schneeberg im Wiederaufbau den heutigen Ziernamen *Barockstadt des Erzgebirges* ein.

Die Kirche kam leider auch nicht ungeschoren über die Zeit. Am Ende des Zweiten Weltkrieges wurde sie mit Brandbomben beschossen. Die Kirche fing vom Dachstuhl an zu brennen, in höchster Not retteten mutige Einwohner den berühmten Altar aus der Cranach-Werkstatt, bevor der Dom in sich zusammenfiel. Der gesamte Wiederaufbau zog sich über 50 Jahre hin.

Schneeberg gilt auch als Weihnachtsstadt, in der am zweiten Advent alljährlich das Lichtelfest gefeiert wird, Anlass für den zweiten großen Bergmannsumzug des Jahres.

Einen Besuch wert ist das Siebenschlehener Pochwerk, Lindenauer Straße 22, 03772 22636, ein Museum über den Kobaltbergbau.

58

Gästeinformation Bad Schlema
Richard-Friedrich-Straße 18
08301 Bad Schlema
03772 380450
www.kurort-schlema.de

Museum Uranbergbau im Kulturhaus »Aktivist«
Bergstraße 22
08301 Bad Schlema
03771 290223
www.uranerzbergbau.de

Stärkstes Radonbad der Welt?

Kurort

Im 16. Jahrhundert sorgten Kobaltfunde im Schlematal für Furore, ein Mineral, das mit einer leuchtend blauen Farbe auffiel. 1558 entstand die erste Blaufarbenmühle. Knapp 100 Jahre später war das Schlemaer Blaufarbenwerk mit 50 Gebäuden zur weltweit größten Firma dieser Branche aufgestiegen: Kobaltblau aus Oberschlema zierte Delfter Kacheln ebenso wie Meißner Porzellan.

Doch damit nicht genug: Anfang des 20. Jahrhunderts entdeckte ein Wissenschaftler eine extrem hohe Radonkonzentration in verschiedenen Quellen des Tales. Rasch wurde das Naturwunder kommerziell genutzt, schossen Radonkurkliniken wie Pilze aus dem Boden. Schlema erfuhr einen Aufschwung ohnegleichen. Bis zum Ende des Zweiten Weltkrieges fanden über eine Viertelmillion Kurgäste Linderung.

Doch der Niedergang des Kurbades begann im Sommer 1945: Als nach eifriger Suche Uran gefunden wurde, war das Schicksal des Ortes besiegelt. Der atomare Rüstungswettlauf mit den Westmächten brachte die Sowjetunion in Zugzwang. In einem landschaftsverwüstenden Rauberzbergbau wurden in zwei Jahrzehnten über 80.000 Tonnen reines Uran gewonnen. Das klingt viel, entspricht jedoch nur einem Würfel von 16 Metern Kantenlänge. Durch Senkungen stürzten Häuser ein, Bäume und Gärten verschwanden über Nacht nach unten. Schließlich sah man sich 1952 gezwungen, das gesamte Kurzentrum mit über 300 Gebäuden wegen Einsturzgefahr abzureißen. Bis 1991 bestimmten riesige Abraumhalden und Fördertürme das Landschaftsbild. Die Erzgänge reichten bis 1.800 Meter in die Tiefe, alle Heilquellen waren längst versiegt.

Erst 1993 erwachte Schlema mit der Gründung einer neuen Kurgesellschaft zu neuem Leben. Abraumhalden wurden renaturiert und Radonquellen mit ungebrochener Heilkraft erschlossen. Ein neuer großzügiger Kurpark entstand. 1998 konnte das neue, moderne Kurmittelhaus eingeweiht werden und wirbt als Radonheilbad um Gäste. Schlemas Wasser wirken wieder Wunder.

Das Museum Uranbergbau im Kulturhaus Aktivist schildert ausführlich die Geschichte der Wismut AG rings um das Uranerz.

Blick auf Schwarzenberg

54

Freie Republik Schwarzenberg
Kunstzone e.V.
Obere Schlossstraße 5
08340 Schwarzenberg
03774 22498
www.freie-republik-schwarzenberg.de

Tourist-Information
Oberes Tor 5
03774 22540
08340 Schwarzenberg
www.schwarzenberg.de

NIEMANDSLAND NACH ZWEITEM WELTKRIEG

Freie Republik Schwarzenberg

Die Russen kamen von Osten, die Amerikaner von Westen, als der Zweite Weltkrieg zu Ende ging. Die Rotarmisten schlugen ihr Lager in Annaberg auf, die Alliierten im vogtländischen Auerbach. Dazwischen lag der Landkreis Schwarzenberg. Er blieb unbesetzt, ein Rätsel, das bis heute Historikern Fragezeichen auf die Stirn zaubert. Vom 11. Mai bis zum 25. Juni war Schwarzenberg ein weißer Fleck auf der Landkarte, sodass am 12. Mai ein antifaschistischer Aktionsausschuss das Heft in die Hand nahm. Er bildete die zentrale Verwaltung und organisierte den schwierigen Alltag in der Stadt unmittelbar nach Kriegsende. Ordnung, Sicherheit und die Versorgung der Bevölkerung waren die wichtigsten Aufgaben, denen sich der Ausschuss verschrieb. Notgeld, Sonderbriefmarken und die Herausgabe einer Zeitung zeugen von den Bemühungen, zur Normalität überzugehen. Das Ende war abzusehen: Vertreter der siegreichen Sowjetarmee fuhren auf holzgasbetriebenen Geländewagen am Schwarzenberger Rathaus vor, begehrten Einlass und übernahmen kampflos das Kommando. Eine politische Utopie war still zu Ende gegangen, eine leise Hoffnung auf eine besondere Gesellschaft frei von den Zwängen der Siegermächte.

Stefan Heym hat 1984 in seinem wunderbaren Buch *Schwarzenberg* über diese kurze Ära geschrieben. Idealisten und Träumer kommen bei ihm zu Wort, obwohl er kaum das Fundament der real verbürgten Ereignisse aus dieser Zeit verlässt. Der Roman durfte in der DDR natürlich nicht verlegt werden, stattdessen bei Bertelsmann im Nachbarland beim Klassenfeind. Erst nach der Wende konnte mit der Einweihung des Lehrpfades *Unbesetzte Zeit* auch offiziell die Geschichte aufgearbeitet werden. Landschaftlich besticht Schwarzenberg mit seiner ungewöhnlichen Stadtlage mitten auf einem lang gezogenen Felssporn. Hier stand bereits vor 850 Jahren eine Burg, die den deutsch-böhmischen Handel überwachte.

Der Verein Kunstzone betreibt in der ehemaligen Pass- und Meldestelle eine originelle Kneipe mit diversen Bezügen zur unbesetzten Zeit.

55

Sparkassen-Erzgebirgsstadion
Lößnitzer Straße 95
08280 Aue
0377159820
www.fc-erzgebirge.de

Sympathieträger für eine ganze Region

Fußballstadion Aue

Als kleiner Junge übte ich hinterm Haus tausendfach das raffinierte Anschnippeln des Fußballs, damit er durch Drall auf einer krummen Bahn flog: der Albtraum eines jeden Torwarts. Es blieb ein Glücksfall, wenn sie gelang, die Bananenflanke!

Die Profis vom FC Aue haben damit weniger Probleme, denn so klein die Stadt Aue mit ihren 18.000 Einwohnern ist, der Fußballverein ist alles andere als ein Fußballzwerg und in der Sportwelt längst deutschlandweit bekannt. Das Sparkassen-Erzgebirgsstadion im Lößnitzgrund fasst beinahe so viele Zuschauer wie Einwohner, und wenn ein Punktspiel ansteht, dann wirkt die ganze Stadt wie ausgestorben. 1949 als Betriebssportgemeinschaft gegründet, gelang der BSG Wismut Aue in wenigen Jahren der Aufstieg bis zur höchsten Spielklasse in der DDR, der Oberliga. 1990 bliesen mit der politischen Wende raue Westwinde durch den Verein. Man muss es den Verantwortlichen hoch anrechnen, dass sie es trotz der neuen härteren Marktbedingungen schafften, die Mannschaft konkurrenzfähig zu halten, was im Übrigen außer Dynamo Dresden, Energie Cottbus und Hansa Rostock keinem Fußballclub aus den neuen Bundesländern gelang. Von 2003 bis 2008 spielte Aue in der Zweiten Bundesliga, stieg zwischenzeitlich in die Dritte Liga ab, schaffte den Wiederaufstieg 2010 und hat sich seitdem im Tabellenmittelfeld eine passable Platzposition gesichert.

Der Fußballclub hat sich in Jahrzehnten tiefe Sympathien erworben, er ist identitätsstiftend für die Einheimischen. »Die Veilchen« werden die Fußballer wegen der Vereinsfarbe Lila genannt, und es ist beeindruckend, im proppenvollen Stadion La-Olas mitzuerleben, diese Riesenwellen von Tausenden Körpern, begleitet vom synchronen Anfeuerungsgeschrei.

Heute an einem heißen Sommertag scheint die Sonne mit voller Wucht aufs Rasengrün, und trotzdem zaubern sie die Stürmer locker aus dem Fußgelenk: die Bananenflanke!

Wem Fußball nicht liegt, der macht einen Spaziergang auf dem Altmarkt in Aue entlang prächtiger Bürgerhäuser aus der Gründerzeit.

56

August Horch Museum Zwickau gGmbH
Audistraße 7
08056 Zwickau
0375 2717380
www.horch-museum.de

HORSCH, DA KUMMT Ä HORCH

August Horch Museum Zwickau

Zum 100. Geburtstag der Gründung der Horch Motorenwagen AG Zwickau wurde das neue Museum im Jahre 2004 feierlich eingeweiht. Vorausgegangen war ein Architekturwettbewerb mit über 800 eingereichten Entwürfen. Realisiert wurde eine Lösung, bei der sich das neue Empfangsgebäude an die alte Fabrikhalle anschließt. Auch die ehemalige Wohnvilla des Firmengründers wurde restauriert und in den Museumskomplex integriert. August Horch hat mit seinem unternehmerischen Mut und Innovationstalent Automobilgeschichte in Zwickau geschrieben. Mit der Gründung und dem Aufbau der Horch- und Audi-Werke begann eine unglaubliche Erfolgsgeschichte in den 20er- und 30er-Jahren.

Wer kennt sie nicht, die großzügigen Pullman-Limousinen mit ihren Flüstertüten-Achtzylindermotoren und den vornehmen Trittbrettern? Über 80 Großexponate, meistenteils historische Autos, sind im Museum zu bestaunen, darunter auch Rennwagen von Auto Union, die legendären Silberpfeile. Die Museumsgestalter haben mit viel Aufwand besonderen Wert auf die Hintergrundkulissen gelegt: eine Tankstelle aus den 20ern, eine Hotelvorfahrt mit eleganten Personen und vielen schwarzweißen Großformatfotos, aus denen die Karossen quasi gerade herausgefahren kommen.

Nach dem Zweiten Weltkrieg begann mit der Verstaatlichung in den VEB Sachsenring Automobilwerken die Erfolgsgeschichte des Trabants. Mehr als eine Million Fahrzeuge wurde in Zwickau bis zur politischen Wende 1989 produziert, der »Volkswagen« für den DDR-Bürger. Dem Trabi in all seinen Varianten bis hin zum NVA-Kübelwagen in mattem Tarngrün wird viel Platz in der Ausstellung eingeräumt, vom Doku-Film über die Produktion der »Rennpappe« bis hin zur typischen Garage des Bastlers, der fast alles selber reparieren konnte. Wer kann das heute noch an modernen Autos von sich behaupten?

Weitere Trabis sind auf der *AUTOmobilen Trabantausstellung* in Zwickau auf der Uhdestraße 11 zu bewundern.

57

Dom St. Marien
Evangelisch-Lutherische Kirchgemeinde Zwickau
Domhof 10
08056 Zwickau
0375 2743510
www.nicolai-kirchgemeinde.de

EIN TURM ÜBERRAGTE DIE STDAT

Dom St. Marien

»Wenn ich aus dem Fenster meines Studentenwohnheimes blicke, sticht mir der Dom St. Marien ins Auge, sofern die Sicht über 300 Meter beträgt.«

So beginnt der Kommentar einer meiner Studentenspielfilme, von denen ich in der reichlichen Freizeit mit meinen Kommilitonen einige drehte. Der Smog über Zwickau entstand einerseits durch die tausendfache Kohleofenheizung der Haushalte, andererseits durch das berühmt-berüchtigte Steinkohleveredelungswerk August Bebel am Stadtrand. Aus hohen Schornsteinen stieg ein schwarzer Rauch auf, der sich als Asche über die geparkten Autos in der Stadt legte.

Der Dom hat wie so vieles auch die Rußschleuder überlebt. St. Marien ist so alt wie die Stadt selbst. Anno 1180 besiegelte Kaiser Barbarossa die Gründungsurkunde der Rechtsstadt.

In jenen fernen Jahren muss auch der Vorgängerbau unter dem Patronat der Heiligen Jungfrau Maria entstanden sein. Zu seiner heutigen Gestalt wuchs der Dom im 16. Jahrhundert, als Zwickau durch neue Silberfunde im Obererzgebirge zu Reichtum und Blüte gelangte. Es ist wohl der Ausstrahlung des Bauwerkes zu verdanken, dass St. Marien irgendwann auch offiziell als Dom bezeichnet wurde, obwohl Zwickau niemals Bischofssitz war. Beim Spazieren um die Kirche überrascht die Menge an kunstvoller Ornamentik und Statuen. Am beeindruckendsten finde ich das Nordportal mit spätgotischem Astwerk im Giebel, eine unglaublich filigrane Steinmetzarbeit. Auch im Inneren versteht der Dom in seiner Dimension und in seiner architektonischen Harmonie zu verblüffen. Der Hauptaltar zieht alle Blicke auf sich, ein Werk von Michael Wohlgemut, dem Lehrmeister von Albrecht Dürer. Als Student erlebte ich hier in den 80ern einige Domkonzerte mit Trompete und Orgel. In einem Menschenleben scheint das eine Ewigkeit her zu sein, aber in der Existenz des Domes sind 30 Jahre nur ein Augenblick.

Regelmäßige Konzerte gibt es auf der größten Kirchenorgel, die zu DDR-Zeiten gebaut wurde (Firma Eule aus Bautzen 1969).

58

Karl-May-Haus
Karl-May-Straße 54
09337 Hohenstein-
Ernstthal
03723 42159
www.karl-may-haus.de

AUS DEM KNAST ZUM MEGA-ERFOLG!

Karl-May-Geburtshaus und Museum

Als fünftes von insgesamt 14 Kindern wird Karl May am 25. Februar 1842 in Hohenstein-Ernstthal geboren. Bezeichnend für die ärmlichen Lebensbedingungen des Vaters und seiner Ehefrau ist die Tatsache, dass neun Kinder bereits im Babyalter sterben. Für den kleinen Karl wurde die Nahrungsbeschaffung zum täglichen Überlebenskampf bis hin zu Betteleien beim benachbarten Gastwirt um ein paar Kartoffelschalen. Eindrucksvoll sind im Museum seine frühen Jahre anhand von Fotos und Texttafeln dargestellt.

Mit sechs Jahren kam Karl May auf die Rektoratsschule in Ernstthal. Um die 100 Schüler wurden damals in eine einzige Klasse gepfercht. Möglicherweise lag aber gerade in dieser bedrückenden Kindheit die Ursache für Karl Mays überschäumende Fantasie, die später seine Romane auf der gesamten Welt so unwiderstehlich werden ließ. Mit dem Geist auf große Reisen gehen, das muss für den kleinen Jungen ein bevorzugter Fluchtweg gewesen sein. Zeit seines Lebens bleibt es für Karl May kennzeichnend, es mit den Regeln nicht allzu genau zu nehmen – auch was das Eigentum anderer betrifft. Auf dem Lehrerseminar in Waldenburg wird er zunächst beim Kerzendiebstahl erwischt, später bringt ihn das Klauen einer Taschenuhr um die Lehrerkarriere. Nach Absitzen einer sechswöchigen Gefängnisstrafe ist er arbeitslos und steht vor dem Nichts.

Wechselvolle Zeiten prüfen Karl May in den nächsten Jahren auf das Härteste, darunter weitere zum Teil jahrelange Aufenthalte hinter Schwedischen Gardinen. Erst in den 1880ern fasst Karl May durch Veröffentlichungen in Zeitschriften mehr schlecht als recht Fuß als Schriftsteller. Der literarische Durchbruch erfolgt erst ab 1892 mit den *Gesammelten Reiseerzählungen*. Der Rest ist ein Senkrechtstart. 200 Millionen verkaufte Bücher bis heute lassen jeden Verlag ungläubig staunen.

Ein Rundgang durchs Städtchen lohnt sich, am Markt mit Kirche und Karl-May-Büste vorbei zum Textil- und Rennsportmuseum, Antonstraße 6, www.trm-hot.de.

59

Sachsenring
Am Sachsenring
09353 Oberlungwitz
03723 65330 (Fahrsicherheitszentrum) oder
0351 4433190 (ADAC)
www.sachsenring-circuit.com

MÄNNER, STELZEN UND MASCHINEN

Sachsenring

Es war ein Wochenende im Juli Anfang der 80er-Jahre. Wir hatten gerade das Abi geschafft und genossen unsere letzten Ferien vor der Armeezeit auf dem größten Zeltplatz der DDR. Er befand sich inmitten des 8,7 Kilometer langen Straßenkurses bei Hohenstein-Ernstthal. Am Ankerberg hatten wir unser Mini-Dederonzelt Marke Fichtelberg mit einiger Mühe in quetschender Enge aufgestellt, umgeben von 1.000 anderen Zelten, dabei ging die Abspannleine mitten durch den Schlafsack des Zeltnachbarn. Über 200.000 Zuschauer säumten damals die Strecke. Unsere Stars hießen János Drapál und Károly Luhász, Fahrer aus dem sozialistischen Bruderland Ungarn, die allerdings auf schnellen Yamahas aus dem »faulenden« Kapitalismus unterwegs waren und trotzdem gewannen! Die DDR-Rennfahrer hatten mit den untermotorisierten und störanfälligen Renn-MZs nicht wirklich eine Chance.

Etwas gemütlicher ging es bei den Rennen zur Straßenrad-Weltmeisterschaft zu, die im August 1960 Geschichte schrieb. Gustav-Adolf Schur, genannt »Täve« war damals der populärste deutsche Radrennfahrer in der DDR. Trotz regnerischen Wetters verfolgten an die 300.000 Zuschauer das packende Radrennen. Zwecks besserer Aussicht standen viele Männer auf bis zu vier Meter hohen Stelzen, ein ulkiger Anblick auf alten Fotos vom Rennen. Als Favoriten galten neben Täve auch Bernhard Eckstein und der Belgier Willy Vanden Berghen. Beim Finale in Runde 19 belauerten sich die drei mit einem Vorsprung von 30 Sekunden vor dem Hauptfeld. Auf einmal zog Eckstein an und setzte sich ab, während Täve keinerlei Anstalten machte, seinem Teamkollegen hinterherzuspurten. Vanden Berghen blieb am Hinterrad von Täve und konnte nicht glauben, dass Täve, der Weltmeister der vergangenen beiden Jahre, auf einen Sieg verzichten würde. Doch genau das geschah! Der Bluff gelang, Eckstein gewann und Täve verwies im Endspurt den Belgier noch auf den dritten Platz!

Seit 1996 finden die Rennen auf einem 3,7 Kilometer langen Rundkurs statt: Autorennen zur deutschen Meisterschaft und Motorrad-WM.

60

Bürgergarten
Hohensteiner Straße 16
09366 Stollberg
037296 54280
www.buergergarten-stollberg.de

Ein märchenhaft schöner Ballsaal

Bürgergarten

Stollberg liegt eingebettet im Tal der Gablenz, ein kleines Flüsschen, das eher unauffällig durchs Stadtgebiet plätschert. Unübersehbar hingegen thront über der Stadt die Burg Hoheneck, berühmt-berüchtigt als größtes Frauengefängnis der DDR. Mehrere Tausend sind hier inhaftiert gewesen, die Hälfte aus politischen Gründen. Der riesige Gebäudekomplex steht seit mehr als zehn Jahren leer. Über seine Zukunft wollen die 12.000 Einwohner Stollbergs gerne mitreden, langfristig ist eine Gedenkstätte geplant.

Stollberg strahlt trotz dieses schweren Erbes eine unübersehbare Vitalität aus. Der Wirtschaftsaufschwung Ost scheint angesichts der Dimension des Gewerbegebietes Realität geworden zu sein. Die zwei Autobahnanschlüsse an die unmittelbar nördlich der Stadt vorbeiführende A72 haben das sicher begünstigt. Orange dominiert, wenn man von Norden in die Stadt fährt. Eine interessante Farbgebung hat die Plattenbausiedlung optisch markant entgraut. Mittendrin fällt das Kulturhaus *das dürer* mit kleinem Café auf. Überhaupt schreiben die Stollberger Kultur groß. Der beeindruckendste Kultursaal in Stollberg ist jedoch der Bürgergarten, seit 2012 behutsam saniert und wiedereröffnet. Fünf Millionen Euro hat sich die Stadt die Erneuerung des 1886 gebauten Bürgergartens kosten lassen, inklusive des neoklassizistischen Ballsaales. Als Prunkstücke des Saales hängen an der Decke zwei imposante Lüster, ein Original und ein Nachbau aus Lauscha mit über 3.100 Glassteinen. In diesem romantischen Ambiente steht der Showtime des Bürgergartens nun nichts mehr im Wege. Falls Sie einmal ein Tanzvergnügen in diesem herrlichen Saal haben, versuchen Sie herauszubekommen, welcher der beiden Lüster das Original und welcher das Duplikat ist! Wenn Sie es nicht erkennen, fragen Sie Ihren einheimischen Tanzpartner oder Ihre Tanzpartnerin.

Vom Bürgergarten ist es zum Markt nicht weit, ein geschlossenes Quadrat mit schönen Bürgerhäusern und dem Rathaus, darin die Tourist-Information.

61

Miniwelt Sachsen
Chemnitzer Straße 43
09350 Lichtenstein
037204 72255
www.miniwelt.de

AUF FÜNF HEKTAR RUND UM DIE ERDE

Miniwelt Sachsen

1999 wird für Werner Schmitt eine Vision Wirklichkeit: 60 Modelle berühmter Bauwerke aus aller Welt im Maßstab 1:25 erstrecken sich über ein parkartiges Gelände, das zuvor in monatelanger mühevoller Kleinarbeit mit einem passenden Ambiente aus Gehölzen, angepflanzten Bäumen und Teichen vorbereitet worden ist.

20 Jahre später kann der Gründer stolz auf über 1,9 Millionen Besucher zurückblicken. Inzwischen sind über einhundert Häuser, Türme, Palazzi und andere Modellformen zu bestaunen. Der Besucher wird am Eingang sozusagen in der Heimat abgeholt, denn zunächst geht es durch deutsche Gefilde.

Es grüßt das frisch sanierte Rathaus von Wernigerode, der Dom zu Speyer, die Burg Eltz, die auf Knopfdruck fahrende Wuppertaler Schwebebahn, die Dresdner Frauenkirche ebenso wie das Völkerschlachtdenkmal zu Leipzig. Beuchaer Granitporphyr entspricht hier ebenso dem Originalmaterial wie die 22.500 Sandsteine in der Modell-Frauenkirche. Der Flaneur verlässt nun die Landesgrenzen und schreitet in die weite Welt hinaus: Paris mit dem zwölf Meter hohen Eiffelturm darf nicht fehlen. Der finstere Tower von London und die märchenhaft schöne Kathedrale auf dem Roten Platz in Moskau sind mit von der Partie. Nun wird es international: das Taj Mahal in Indien, die Freiheitsstatue in New York und die Oper von Sydney. Im Finale führt der Weg geschichtlich retour zu den Weltwundern der Antike. Was für ein Komprimat, was für ein Kreislauf in anderthalb Stunden!

Modelleisenbahnen röhren leise durchs Gelände, überholen die Spaziergänger zu ihren Füßen, symbolisieren die Verbindungen zwischen den Kontinenten. Was bleibt, ist die Erinnerung an verflossene oder die Anregung für neue Urlaubsziele. Sie müssen nicht außerhalb des Erzgebirges liegen – siehe Foto!

Im Planetarium, dem sogenannten Minikosmos, werden täglich Animationsfilme speziell für Kinder und Familien angeboten.

62

Talsperre Eibenstock
08309 Eibenstock

Hotel Am Bühl
Das Blaue Wunder
Am Bühl 1
08309 Eibenstock
037752 560
www.hotel-blaues-wunder.de

Ein riesiges Trinkwasserreservoir

Talsperre Eibenstock

Weit oben schmiegt sie sich zwischen dichte Wälder am Fuße des Auersberges. Das ist Absicht. Um die Reinheit des Wassers zu gewährleisten, gibt es weder Wassersport noch Badebetrieb. Ab und an tangiert der Talsperrenrundweg das Ufer, mit 30 Kilometern Länge ist er allerdings eher für Ausdauerwanderer zu empfehlen oder für Radfahrer. Eine großzügige Umleitung führt unterhalb der Staumauer vorbei, die leider auch nicht betreten werden darf. Wir sind in Deutschland.

80 Millionen Kubikmeter Trinkwasser reichen aus, um einige Hunderttausend Sachsen mit kostbarem Nass zu versorgen. Natürlich dient die Talsperre auch als Hochwasserschutz, wenn die Wassermassen wieder einmal im Erzgebirge verrückt spielen. Doch inwieweit lassen sich Scheitelwellen von Hochwasser senken?

Da kann man sich so seine Gedanken machen um das Talsperrenwesen ganz allgemein. Die drei böhmischen Riesenstauseen der Moldau konnten mit über 1.000 Millionen Kubikmetern Stauvolumen weder das Flutdesaster im August 2002 noch das im Juni 2013 verhindern, weder in Prag noch in den nachfolgenden Städten an der Elbe. Warum? Weil die Staumeister immer auf Höchststand des Wassers in ihren Talsperren achten müssen, damit die Turbinenleistung maximal ausfällt. Da darf die Frage erlaubt sein, was ein paar Megawattstunden bei den Stromkonzernen für Geld einspielen gegen die Flutschäden in Dutzenden Städten?

Der mächtige Arbeiterwohnblock am Stadtrand von Eibenstock wurde nach Fertigstellung der Talsperre kurzerhand zum FDGB-Ferienheim umfunktioniert. Statt Abriss nach 1989 erlebte das klotzige Bauwerk, das weithin sichtbar die Landschaft bis dahin eher verschandelte, eine weitere Renaissance: Es wurde zum Hotel Blaues Wunder umgewidmet, erhielt einen kühnen dunkelblauen Anstrich und erfreut sich als familienfreundliches und preiswertes Hotel wachsender Beliebtheit. Wer hätte das der einstigen Bauarbeiterunterkunft zugetraut?

Überregional beliebt sind die Badegärten unmittelbar am Hotel Blaues Wunder mit einer vielfältigen Saunalandschaft.

63

Bikertreff Talsperrenblick Eibenstock
Anfahrt über Neidhardtsthal oder Hundshübel/Parkplatz oberhalb der Staumauer
Am Rastplatz
08328 Stützengrün
OT Hundshübel
www.biker-treff.de

HIER SCHWINGT SICH'S GUT!

Bikertreff Talsperrenblick Eibenstock bei Hundshübel

Wenn ein gewaltiges Röhren durchs Erzgebirge schallt, müssen es nicht unbedingt Hirsche sein, die ihre Nebenbuhler herausfordern. Es sind zumeist Männer, seltener Frauen, die auf ihren heißen Öfen über die Asphaltpisten brettern.

Zum Glück zelebrieren die meisten Motorradfahrer einen eher gemütlichen Fahrstil durchs Erzgebirge, erfreuen sich an Kurven ohne Ende, abwechslungsreicher Landschaft mit Steigungen, Lichtwechseln und interessanten Aussichten. Man könnte endlos philosophieren, was den Virus des Motorradfahrens ausmacht, von dem auch ich seit Jahrzehnten angesteckt bin. Da ist die Potenzierung der Körperkraft zum einen, da ist die frische Luft, die um die Nase wedelt, da ist die sagenhafte Beschleunigung, die (fast) alle Autos schlecht aussehen lässt, da ist der Kurvenspaß des Balancefahrzeuges. Es gibt keine trennenden Scheiben nach außen, ich bin mitten drin, direkt vor Ort, wenn auch gleich wieder weg. Das Motorrad verlangt volle Konzentration beim Fahren, alle Probleme verwehen im Fahrtwind, der Kopf wird freigeblasen. Motorradfahren weckt Emotionen, und ich entsinne mich sehnsüchtiger Blicke von Männern in fernen Ländern, wenn ich vollbepackt auf meiner Suzuki VX 800 durch die Dörfer tuckerte. Wenn ich parkte und der V-Motor mit einem letzten sonoren Seufzer verklang, kam ich oft mit Einheimischen ins Gespräch. Irgendwoher zaubert ein Motorrad Kontaktfreude empor.

Das ist auch im Erzgebirge so und besonders am lauschig gelegenen Bikertreff oberhalb der Talsperre Eibenstock. Hier parken an sonnigen Sonntagen Hunderte Freaks, die rasch miteinander ins Gespräch kommen. Was für eine Vielfalt an Maschinen – von der scharf knatternden alten Jawa über alle möglichen MZ-Modelle bis zur lässigen Chopper 1400er Intruder mit fettem Bass aus der Twinpipe.

Lassen Sie das Auto bei schönem Wetter mal einen Tag stehen und leihen Sie sich ein Moped, einen Roller oder ein Motorrad.

64

Stickereimuseum Eibenstock
Bürgermeister-Hesse-Straße 7/9
08309 Eibenstock
037752 2141
www.stickereimuseum.de

FILIGRANES HANDWERK

Stickereimuseum Eibenstock

Eisenstein und Zinnerz waren die Motoren des Bergbaus und ab 1560 konnte sich Eibenstock stolz freie Bergstadt nennen. Als der Erzabbau Mitte des 18. Jahrhunderts drastisch zurückging, brach Not und Elend über die Einheimischen herein. Das Blatt wendete sich mit der Förstertochter Clara Angermann, die ab 1775 bei ihrem Onkel in der Bergstadt wohnte. Die mittlerweile 21-Jährige hatte als Waisenkind in einem Kloster das Tambourieren, das Sticken mit Häkelnadel, erlernt und kam nun auf die Idee, es den Mädchen und Frauen in Eibenstock beizubringen. Aus der anfänglich bescheidenen Heimarbeit mit Handstickrahmen entwickelte sich rasch ein aufblühendes Gewerbe. Schon bald genügte die Produktion der Nachfrage nicht mehr. Der technische Fortschritt hielt 1829 mit der Entwicklung der Handstickmaschine Einzug. Bereits 1850 existierten sechs erfolgreiche Stickereimanufakturen in Eibenstock. Eine technische Revolution stellte ab 1910 die Automatenstickmaschine dar, bei der ein Lochstreifen alle Stickbewegungen in der Maschine hochpräzise koordinierte. Exporte in alle Welt brachten der Stadt Wohlstand und Blüte. In den USA waren die Kunden so begeistert, dass zeitweise ein Konsulat zur gefälligen Pflege der Geschäftsbeziehungen in Eibenstock eingerichtet wurde.

Eibenstock beherrschte vor dem Ersten Weltkrieg den Weltmarkt. Nach dem Zweiten Weltkrieg erholte sich die Stickereiindustrie nur schleppend. Immerhin arbeiteten zu DDR-Zeiten über 2.000 Beschäftigte in den beiden VEB Sticktex und Buntstickerei. Das heutige Museum gibt es in der Form seit 1997 und es bietet auf mehreren Etagen einen sehr detaillierten Einblick ins Wesen der Stickerei. Höhepunkte des Rundganges sind zweifelsohne die praktischen Vorführungen der alten Stickmaschinen, die sich mit ratternder Mechanik eindrucksvoll in Bewegung setzen.

Ein weiteres Schmankerl ist die Trumpold'sche Sammlung erzgebirgischer Volkskunst, auch für Kinder gut zum Anschauen, denn die Vitrinen reichen bis zum Boden herunter.

65

Blauenthaler Wasserfall
Startpunkt Wanderung:
Parkplatz am Wasserfall
gegenüber dem
Parkhotel Forelle
Zimmersacher Straße 2
08309 Eibenstock
OT Blauenthal
037752 6300
www.hotel-im-erzgebirge.de

DURCH WALDESGRÜN INS BLAUE TAL

Blauenthaler Wasserfall

Was macht sie aus, die Faszination eines Wasserfalls? Vielleicht ist es der Anblick sichtbarer Kraft dieses Grundelementes unseres Planeten. Je größer ein Fluss, desto sanfter und ruhiger schwebt das Wasser gewöhnlich mit einer silbrigglatten Oberfläche dahin. Diese Erscheinungsform ist im Erzgebirge eher selten zu erleben. Die Flüsse entspringen oben in den Bergen, hüpfen als kleine Bäche munter über Steine und entwickeln mit jedem Nebenbach allmählich Kraft. Offensichtlich wollen sie beachtet werden, warum sonst machen sie so einen Lärm mitten im Wald?

Der Blauenthaler Wasserfall ist der größte in Sachsen. Über eine 30 Meter hohe Felswand schießt ein unbescheidener Wasserstrahl über einige Kaskaden zu Tale und vereinigt sich mit der gutmütig dahinplätschernden Bockau. Im ersten Moment empfindet man alles ganz natürlich. Beim genaueren Hinsehen keimt ein inneres Stutzen und die Frage auf, wieso sich ein Bach den höchsten Felsen am Hang sucht, um darüber zu laufen. Des Rätsels Lösung: Es handelt sich um einen künstlichen Wasserfall, der vor ungefähr hundert Jahren extra angelegt wurde. Damals betrieb die Familie Toelle in Blauenthal eine Holzschleiferei, und zum Antrieb der Turbinen wurde ein Wassergraben oberhalb der Felswand angelegt.

Vor der Abbruchkante floss das Wasser in eine Rohrleitung, um den Turbinenschaufeln richtig Druck zu machen. An Wochenenden und Feiertagen hingegen standen die Turbinen still. Umso lebendiger sprudelte der Wasserfall, der rasch eine Attraktion für die Gäste im nahen Forellengarten wurde. Als Blauenthal auch noch mit einem Bahnhof Anschluss an die Eisenbahnstrecke Aue – Adorf bekam, erfreute sich der Wasserfall rasch überregionaler Beliebtheit.

Daran hat sich bis heute nichts geändert – zumal die Holzschleiferei längst der Vergangenheit angehört und der Wasserfall permanent rauschen kann.

Ein Netz von Wanderwegen lädt in Blauenthal zur Erholung ein, zum Beispiel der Drei-Talsperren-Wanderweg oder eine Tour zum Auersberg (1.015 Meter).

TOUREN NACH BÖHMEN

Blick auf Krupka / Altkraupen

ENTLANG DER SÜDFLANKE DES KAMMES

Touren nach Böhmen

1872 erschien Berlets *Wegweiser durch das Erzgebirge, Nordböhmen und das Böhmische Mittelgebirge*. In unzähligen Auflagen vervollkommnet, ist dieser Wanderführer bis heute ein anerkanntes Orientierungsbüchlein geblieben. Was sagt uns das? Zum einen manifestiert sich damit das stark anwachsende Interesse der Menschen in der Mitte des 19. Jahrhunderts am Erzgebirge, das sich in der Wahrnehmung vom »sächsischen Sibirien« zu einer »schönen Landschaft mit majestätischen Bergen« ins öffentliche Bewusstsein schob. Zum anderen offenbart sich die Zeitlosigkeit eines Gebirgsführers, denn auch nach 150 Jahren stehen die Berge unverrückt in der Landschaft, und die Wanderwege, einmal angelegt, beharren stur auf ihrem Verlauf.

Reisen durch Böhmen lösen in mir jedes Mal so ein kaum erklärbares Gefühl des Heimkommens aus, wie wenn es nach Hause geht. Liegt es daran, dass alles noch ein bisschen unperfekter zugeht, etwas gemütlicher als in meiner Heimat Sachsen? In vielen böhmischen Dörfern scheint der Einfluss des Westens so abzuprallen, dass man nicht glauben will, nur ein paar Kilometer jenseits dessen zu sein.

Ich mag die tschechische Sprache, ohne sie zu verstehen, mir gefällt ihr Klang und ihre Melodie. In Biergärten spitze ich gerne meine Ohren in Richtung des Nachbartisches, wenn dort einige Einheimische lautstark beim unübertroffenen böhmischen Bier diskutieren.

Den böhmischen Erzgebirgskamm lernte ich zu DDR-Zeiten Mitte der 80er auf einer Radtour intensiv kennen. Anstelle des gefürchteten böhmischen Nebels und rauer Kammwinde waren die sanften Bergrücken täglich in Sonne getaucht, mit kleinen weißen Wattewölkchen am Himmel und lauer Brise. Trotzdem hatte diese Reise viele deprimierende Impressionen parat. Die Dörfer wirkten völlig verfallen, die Bewohner beobachteten mich argwöhnisch und misstrauisch, und die Wälder waren durch den sauren Regen am Sterben, kilometerlang radelte ich durch Geisterwald.

Seit 1989 hat sich vieles zum Positiven gewendet. Verwahrloste graue Dörfer und Städte gewannen Format. Alte Häuser wurden saniert, teilweise Fachwerk behutsam freigelegt. Gutbetuchte Prager erwarben Güter, Höfe und kleinere Häuser und bauten sie sich zu idyllischen Wochenendoasen mit gepflegten Gärten aus. Der Wohlstand hat Einzug gehalten und mit ihm auch eine neue Generation böhmischer Nachbarn, die auch mal locker und freundlich über den Zaun grüßen. Auch die böhmischen Wälder konnten aufatmen. Die Braunkohle-Kraftwerke im Egertal bekamen effiziente Rauchfilter eingebaut, um die giftigen Wolken aus Schwefeldioxid über dem Gebirgskamm einzudämmen. Tote Baumflächen wurden gerodet und Fichtenwälder neu angepflanzt.

Seitdem die Tschechische Republik Mitgliedsstaat der EU geworden ist, sind lästige Grenzkontrollen weggefallen. Die Zahl der Übergänge auch für Radfahrer und Wanderer hat sich vervielfacht, was Touren wesentlich vereinfacht. Die vorgestellten Ausflüge nach Böhmen können nur einzelne Teile des Riesenpuzzles Krušné hory darstellen. Verstehen Sie dieses Buchkapitel auch als Anregung und Mutmacher, sich selbst auf Entdeckungstour zu begeben. Kulturhistorisch habe ich bei der Auswahl neben der Bergbaugeschichte Wert auf herausragende Klöster, Schlösser und malerische Städte gelegt.

Nicht unmittelbar zum Krušné hory zählt das Böhmische Mittelgebirge, das sich hinter dem Egertal erhebt. Die gewaltigen Vulkankegel sind so fantasievoll und spielerisch in die Landschaft drapiert, dass ich sie gerne in die Erlebnistouren integriert habe.

Falls Sie nur einen Tag Zeit für einen Ausflug nach Böhmen haben, so sind meine Favoriten Kloster Teplá und Marienbad, auch wenn sie territorial bereits zu Westböhmen gehören.

66

Mückentürmchen
Berghotel Komáří vížka
Horní Krupka 120
CZ-41741 Horní Krupka
+420 417861348
www.komarivizka.eu

EIN BETÜRMTER BERG OHNE MÜCKEN

Komáří vížka (Mückentürmchen)

Der Mückenberg (808 Meter) ist einer der herausragenden Aussichtspunkte im Osterzgebirge. Wie auf der sächsischen Gebirgsseite sind auch hier die Bergleute fleißig am Graben gewesen, haben an der steilen Bergflanke von Graupen (Krupka) viele Stollen auf der Suche nach Zinngängen angelegt. Ursprünglich stand ein hölzerner Glockenturm auf dem Mückenberg, der Anfang und Ende der Schicht anzeigte. Im heutigen steinernen Turm hängt die über 450 Jahre alte Glocke. Seit dem Zumauern der Turmfenster zu Sozialismuszeiten ist die Glocke verständlicherweise eingeschnappt und verstummt.

Wenn das Wetter gnädig ist, bietet sich von der Terrasse ein atemberaubender Ausblick nach Süden ins Egertal und insbesondere auf das Böhmische Mittelgebirge mit seinen prägnanten Vulkankegeln.

Von Zinnwald führt der Europäische Fernwanderweg herüber, im Winter eine gut präparierte Loipe für Langlauf. Auch aus nördlicher Richtung von Fürstenau lässt sich das Mückentürmchen über einen Wanderweg bequem erreichen. Anstrengender ist der Aufstieg vom südlich gelegenen Graupen, 500 Höhenmeter tiefer liegend. Zur Überwindung des Steilhanges bietet sich der älteste Sessellift Böhmens an, der die Wanderer paarweise in 20 Minuten gemütlich auf des Berges Höhe schaukelt. Das ganze Ambiente der Anlage, besonders die Talstation atmet noch den Charme der 50er, als das ingenieurtechnische Meisterwerk in Betrieb ging. Wollen wir hoffen, dass wenigstens ab und an die Seile überprüft und ausgewechselt wurden.

Bevor man hinaufschwebt, lohnt die 900 Jahre alte Bergstadt Graupen einen Rundgang – von der barocken Wallfahrtskirche Mariaschein bis hinauf zur Ruine der Rosenburg. Ein Stein mit Inschrift steht im Hof – ha! – Goethe war hier! Ich sage es Ihnen gleich: Er war nicht nur Literaturgenie, sondern auch eifriger Geologe, und er verfolgt Sie in Böhmen auf Schritt und Tritt!

Um auf den Titel Bezug zu nehmen: Es gibt keine Mücken auf dem Gipfel, und sollte sich einmal eine herverirren, bläst sie der ewige Wind von dannen.

67

Milešovka
Startpunkt Wanderung:
CZ-41132 Milešov (in der Nähe von Teplice)

Stadtverwaltung Teplice
nám. Svobody 2/2
CZ-41595 Teplice
+420 417510111
www.teplice.cz

EINE LANDSCHAFT WIE IM BILDERBUCH

Milešovka (Milleschauer) und Böhmisches Mittelgebirge

Selten gibt es einen Berg, der so einzigartig herausragt und als Symbol für das gesamte Gebirge steht wie die Milešovka (836 Meter), auf deutsch Milleschauer oder auch Donnersberg genannt. Als ein riesiger bis oben hin bewaldeter Vulkankegel ragt er um mehrere hundert Höhenmeter aus dem Böhmischen Mittelgebirge heraus. Zu DDR-Zeiten machte der Gipfel einen etwas verwahrlosten Eindruck. Der Turm war gesperrt, den verrammelten Gasthof rahmten Spinnweben ein. Inzwischen haben ihm die Tschechen frisches Leben eingehaucht, auch der Turm ist wieder begehbar.

Die Rundum-Aussicht ist bei exzellenter Fernsicht bestechend: das Erzgebirge im Norden, im Osten das Oberlausitzer Bergland, der Jeschken mit dem Isergebirge bis hin zum Kamm des Riesengebirges. Im Westen kann der Blick über das Egertiefland bis zum Duppauer Gebirge schweifen.

Anfang des 19. Jahrhunderts kraxelte der preußische König Friedrich Wilhelm III. mehrmals nach oben, in seiner Begleitung Alexander von Humboldt, der die Aussicht in seiner persönlichen Rangliste der weltweit schönsten mit der Position drei adelte. Man fragt sich sofort, welche Berge die Nummer zwei und eins belegen, vermutlich der Chimborazo in Ecuador und der Popocatépetl in Mexiko? Natürlich war auch Goethe hier oben und sammelte für seine Gesteinssammlung einige Brocken sodalithischen Trachyts ein, auf deutsch Klingstein. Auch unser sächsischer Romantiker und Melancholiker Caspar David Friedrich nahm 1807 seine Staffelei in Dresden und zog statt nach Italien aus Geldersparnisgründen ins Böhmische Mittelgebirge. Friedrichs fotografisch exakt anmutende Bilder, die im Albertinum in Dresden zu bewundern sind, spiegeln tiefe Begeisterung für die Naturschönheiten wider. Man muss kein Maler sein, um sich bis heute an den transparenten Abstufungen der Ferne und den seidigen Stimmungen des Himmels über Böhmen zu freuen.

Der Aufstieg (circa 400 Höhenmeter) über den Wanderweg vom Dorf Milešov dauert etwa eine Stunde, Startpunkt am weithin sichtbaren Schloss.

68

Kloster Osek und Informations-Zentrum
Rooseveltova 1
CZ-41705 Osek
+420 417822138
www.osek.cz

ROMANTIK JENSEITS ALLES IRDISCHEN

Kloster Osek

Es heißt, die erste Begegnung prägt sich sehr nachhaltig ein. Das trifft einmal mehr für diese Klosteranlage zu, die ich an einem verregneten Frühjahrstag des Jahres 1986 zum ersten Mal sah.

Auf meiner MZ tuckere ich in das bei diesem Wetter noch trostloser und heruntergekommener wirkende Städtchen Osek hinein. Obwohl die riesige Dimension des Areals erahnbar ist, gibt es nicht viel zu sehen. Alles ist verrammelt – bis auf die Klosterkirche Mariä Himmelfahrt. Sie sieht von außen mausgrau verwaschen aus, na immerhin scheint das Dach noch intakt zu sein. Die Führerin schließt die Kirchentür auf, wir treten ein. Größer ist ein Schock kaum vorstellbar: Die Erwartungshaltung tendierte gegen null und nun ein überschäumender Barock in einem Kirchenschiff gewaltiger Dimension. Das Glanzstück römischen Barocks ist dem Italiener Octavio Broggio zu verdanken, ein Relikt aus einer mit Reichtum gesegneten Zeit.

Das Zisterzienserkloster weist eine über 800 Jahre alte Geschichte auf, deren Zenit weit zurückliegt. Früher gab es Brauerei und Klostermühle, über die längst Gras gewachsen ist. Erhalten geblieben ist beispielsweise das aus Stein gehauene und auf verflochtenen Säulen stehende drehbare Predigerpult.

Die Glanzzeiten des Klosters endeten mit dem Zweiten Weltkrieg. Zunächst als Konzentrationslager für Priester missbraucht, ist es seit 1991 wieder in der Obhut des Zisterzienserordens. Um die Jahrtausendwende bemühten sich zwei aus Deutschland entsandte Ordensbrüder, ein Abt und ein Pater, nicht nur dem Kloster religiöses Leben einzuhauchen, sondern darüber hinaus den Stiftskomplex bautechnisch zu pflegen und zu sanieren – ein hoffnungsloser Kampf, der mit dem Tod des Abtes und der Versetzung des Paters 2009 endete. So ist das Klosterareal in einen Dornröschenschlaf versunken, der hoffentlich keine 100 Jahre andauern wird.

In nostalgisch anmutenden Triebwagen kann man vom Bahnhof Osek über Brücken und durch Tunnel hinauf auf den Erzgebirgskamm bis Moldawa fahren – und retour!

69

Zamék Jezeří
CZ-43543 Horní Jiřetín
+420 724326031
www.zamek-jezeri.cz

BAROCKPERLE ÜBER MONDLANDSCHAFT

Zamék Jezeří (Schloss Eisenberg)

Die Reise zum Mond beginnt relativ harmlos im Dörfchen Horní Jiřetín im Egertal, wo sich eine kleine Stichstraße am Fuße des Erzgebirgskamms westwärts schlängelt. Nichts Arges ahnend, passt man sein Gefährt der holprigen Straße an, konzentriert sich auf die Strecke. Auf einmal dringt ein unheimliches Geräusch ins Bewusstsein, ein fernes Dröhnen. Verunsichert und gleichzeitig neugierig fährt man weiter, bis an einer Wiese eine gesperrte Straße links abbiegt.

Ich steige vom Motorrad und laufe sie 200 Meter entlang, traue meinen Augen nicht: Die Straße führt ins Nichts. Ein Loch tut sich in der Erde auf, eine Riesengrube bis zum Horizont! Es handelt sich um den Braunkohletagebau Nástup-Tušimice, eine zerschundene Landschaft auf 40 Quadratkilometern! Monströse Bagger wühlen sich durchs Deckgestein, um an die begehrte Kohle heranzukommen. Über 13 Millionen Tonnen beträgt die Fördermenge pro Jahr.

Geschockt fahre ich weiter durch unverdorbenen Buchenwald und stehe auf einmal vor einem Schlosstor. Als mittelalterliche Burg hat Eisenberg schon zu einer Zeit existiert, als die Menschen noch nicht einmal wussten, was Braunkohle ist.

Im 17. Jahrhundert erwarb die Adelsfamilie Lobkowitz das Gebäudeensemble und baute das Renaissanceschloss im Stile des Hochbarocks um, integrierte ein Schlosstheater und gründete eine hauseigene Kapelle sowie eine Musikschule. Auch Beethoven und Goethe genossen hier die Leichtigkeit des Seins.

Die Zeiten feinsinnigen Geistes endeten mit dem Zweiten Weltkrieg. Die Nazis zweckentfremdeten das Schloss als Internierungslager für Offiziere. Nach dem Krieg diente es der tschechischen Armee als Kaserne. Dann kamen die Kohlebagger und frästen den halben Schlosspark weg. Das Schloss hatte Glück, dass es nicht selber den Schaufeln zum Opfer fiel.

Oberhalb des Schlosses gibt es von einer Wegkrümmung einen Ausblick mit beeindruckendem Panorama. In der Dämmerung verschwimmen die Konturen der Kohlegrube, die Lichter der Bagger illuminieren die Landschaft. Alles wird gut.

70

Státní Zámek Krásný Dvůr
CZ-43972 Krásný Dvůr
+420 415210004
www.zamek-krasnydvur.cz

Informationszentrum Žatec
Náměstí Svobody 1
CZ-43824 Žatec
+420 415736156
cs.zatec-thum.eu

EIN ZIEL SCHÖNER ALS DAS ANDERE

Klášterec, Kadaň und Zámek Krásný Dvůr
(Klösterle, Kaaden und Schloss Schönhof)

Es ist Zufall, dass im Tschechischen alle drei Ziele mit »K« beginnen. Es ist kein Zufall, dass alle drei so nahe beieinander liegen und sich damit für einen Tagesausflug anbieten.

Klášterec an der Eger ist eine Kleinstadt mit 15.000 Einwohnern. Seine Geschichte lässt sich bis ins 13. Jahrhundert zurückverfolgen, als deutsche Siedler in die unbewohnte Region am Fuße des Erzgebirges zogen. Ursprünglich existierte eine Probstei des Benediktinerordens, bevor das Schloss errichtet wurde, das die Familie Thun und Hohenstein im 17. Jahrhundert kaufte und zu einem neugotischen Ensemble mit einem Park voller ungewöhnlicher und seltener Baumsorten ausbaute. Auch die riesige Barockkirche geht auf Initiative der Adelsfamilie zurück, deren Name bis heute in der böhmischen Porzellanmarke *Thun* überstanden hat.

Kadaň, eine unter Karl IV. auferblühte Königsstadt, beeindruckt heute mit einem großräumigen, farbenfrohen Marktplatz, der gleich mehrere Trümpfe ausspielt: ein Bürgerhaus schöner als das andere, eine imposante zweitürmige Kirche und in der Mitte auf altem Buckelpflaster eine prachtvolle Dreifaltigkeitssäule.

Beim Verlassen von Kadaň führt die Straße über die Eger, ein schöner Abschiedsblick auf die Stadt mit dem breiten Fluss im Vordergrund. Wenige Kilometer südlich liegt am Rande des gleichnamigen Dorfes das nationale Kulturdenkmal und staatliche Schloss Krásný Dvůr. Die Adelsfamilie Černin ließ die einstige Renaissancefestung um 1724 zu einem schlichten dreiflügligen Schloss im spätbarocken Stil umbauen. Der heutige Besucher staunt bei der Schlossführung über das originale Interieur. Der letzte Graf muss bei der Enteignung 1945 so rasch davongeeilt sein, dass er sogar das Goldservice auf dem Rokoko-Tischlein stehen ließ. Der eigentliche Höhepunkt ist der riesige englische Landschaftspark mit veredelnden Elementen wie dem klassizistischen Pan-Tempel, dem chinesischen Pavillon und dem holländischen Hof.

Natürlich fehlt im Park auch nicht die entsprechende Bronzetafel mit dem Verweis auf Besuch von … Goethe, wem sonst?

71

Mědnik und Meluzina
CZ-43184 Měděnec
(circa sechs Kilometer nordwestlich von CZ-43151 Klášterec)
www.medenec.cz

Zwei konträre Berge nebeneinander

Mědnik und Meluzina (Kupferberg und Wirbelstein)

Gerade mal um 60 Meter überragt der Mědnik die kleine Bergstadt zu seinen Füßen, er ist sozusagen der Hausberg von Měděnec, zu deutsch Kupferberg. 1674 ließ Herzog Franz von Sachsen-Lauenburg eine Bergkapelle *Zur unbefleckten Empfängnis* auf dem 910 Meter hohen Hübel erbauen, die die Jahrhunderte relativ unbeschadet überstanden hat, ganz im Gegensatz zum Unterkunftshaus Elsterbaude, das 1939 bis auf die Grundmauern abbrannte. So krönt die Kapelle einsam als weithin sichtbares Türmchen die kleine Berghaube und trotzt den Winden, die fast immer über den Kamm fegen. 21 riesige Windräder rotieren in nicht allzu großer Entfernung und zeigen an, dass auch auf dem böhmischen Erzgebirgskamm die Zeit nicht stehengeblieben ist.

Der kahle Mědnik ist zerwühlt wie ein Maulwurfskegel. Rundum tun sich kleine Halden, Verwerfungen und Mini-Pingen auf und deuten auf regen Bergbau in vergangenen Epochen hin, als ob hier jeder mal so auf gut Glück losbuddeln konnte. Alexander von Humboldt äußerte sich vom Rundum-Blick begeistert, von Goethe ist leider kein Statement überliefert.

Wenige Kilometer westlich führt ein markierter Wanderweg mitten durch lichten Wald auf einen Berggipfel ganz anderen Kalibers, was sich nicht nur in der Höhe von 1.094 Metern ausdrückt. Wie ein riesiger gestrandeter Wal überragt der Buckel der Meluzina (des Wirbelsteins) den Erzgebirgskamm. Ein unkomfortabler Pfad durch hohes Gras und über versteckte Felsstufen schlängelt sich auf das Gipfelplateau, umsäumt von dichten Heidelbeersträuchern. Der etwas mühsame Aufstieg lohnt sich. Überall ballen sich kleine Felsgruppen und laden dazu ein, sich seinen persönlichen Gipfel auszusuchen. Die Natur hat hier bis heute alles selber geformt und zurechtgerückt und ich finde, sie hat das großartig hinbekommen.

Eine schmale Asphaltstraße führt vom Wirbelstein südlich am Steilhang des Gebirges hinunter nach Burg Hauenstein (Horní Hrad), deren Sanierung sich einige Idealisten zur Aufgabe erkoren haben.

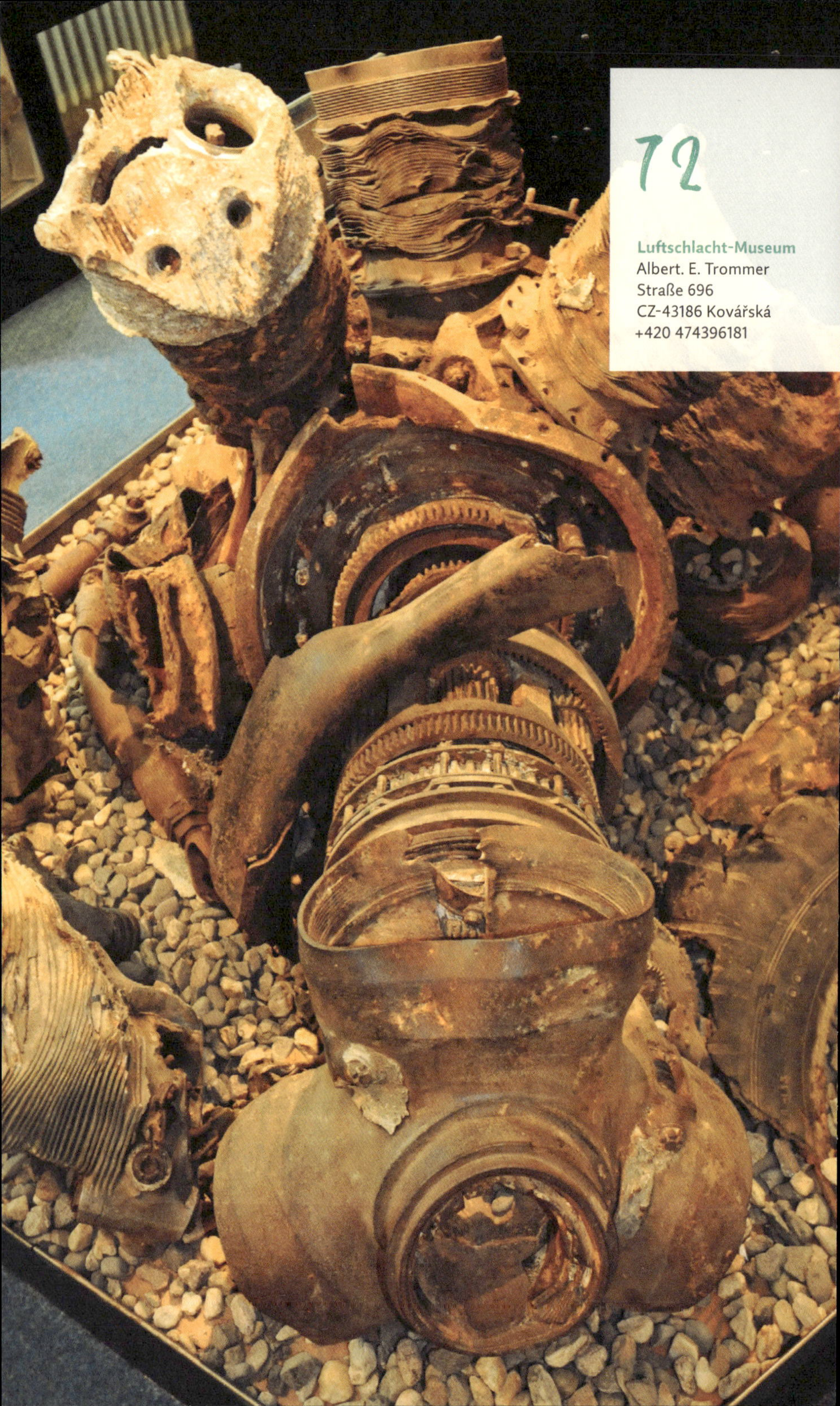

72

Luftschlacht-Museum
Albert. E. Trommer
Straße 696
CZ-43186 Kovářská
+420 474396181

HIMMELFAHRT ÜBER DEM DORF

Flugzeugmuseum

Beim Durchfahren der Bergstadt Kovářská (Schmiedeberg) fällt mir am Marktplatz ein kleines ungewöhnliches Denkmal auf: zwei Steine mit Inschrift und ein montierter dreiflügliger Propeller. Der Schriftzug gibt Aufschluss: »Zum Andenken an die Flieger, die in der Luftschlacht am 11. September 1944 ihr Leben verloren«. Ein Mann hat mich beobachtet und spricht mich an: »Wenn Sie das interessiert, es gibt oben am Friedhof ein Museum.« Ich folge dem beschriebenen Weg.

Der Museumsleiter Jan Zdiarský hat in vielen Jahren mühevoller Sucharbeit mit einigen anderen Enthusiasten alles gesammelt und ausgestellt, was an diesem Schwarzen Montag 1944 vom Himmel gefallen ist. Was war geschehen?

Die Bomber der 8. US-Luftflotte waren am Morgen in Ostengland gestartet – mit dem Ziel, ein Treibstoffwerk in Ruhland bei Dresden zu bombardieren. Als Begleitschutz fungieren einige Mustang-Jagdflugzeuge, was sich allerdings als unzureichend erweist, als über dem Erzgebirgskamm urplötzlich um die 60 Messerschmitt- und Focke-Wulf-Jagdflugzeuge auftauchen und sofort zum Angriff übergehen. Das Ergebnis ist verheerend: 17 Bomber bekommen schwere Treffer und stürzen zumeist ab, einer davon direkt auf die Schule von Kovářská, in der die Schüler gerade Unterricht haben. Aus den nicht getroffenen Flugzeugen erwidern die Bordschützen das Feuer, auch der Geleitschutz greift in die Schlacht ein, was auch bei den deutschen Jägern zu hohen Verlusten führt. Am Ende zerschellen über 50 Flugzeuge am Boden. 79 Piloten und Bordschützen verlieren ihr Leben, andere haben Glück und landen an Fallschirmen auf den Wiesen rings um Kovářská.

Bei der Eröffnung des Museums am 53. Jahrestag der Schlacht 1997 sahen sich viele Veteranen aus beiden einst gegnerischen Lagern und diskutierten über den Sinn menschlichen Tuns, insbesondere den von Kriegen.

Wenn man aus dem Museum herauskommt, will der Körper erst einmal tief durchatmen und es macht sich Dankbarkeit breit, in welch friedlichen Zeiten man lebt.

78

Heimatmuseum im Info-Zentrum
Boží Dar 1
CZ-36262 Boží Dar
+420 603539020
www.bozidar.cz

Museum Königliche Münze
Náměstí Republiky 37
CZ-36251 Jáchymov
+420 736754831
www.kvmuz.cz

GEBURTSORTE VON DICHTER UND DOLLAR

Boží Dar und Jáchymov (Gottesgab und Joachimsthal)

Als der sächsische Kurfürst Johann Friedrich der Großmütige um 1540 im Revier von Gottesgab die Bergleute besuchte, boten sie ihm einen Sessel aus reinem Silber an. Der Wettinerfürst soll geantwortet haben, dass dies edle Metall ihr eigenes Brot sei, eine Gottesgabe.

1876 wurde der berühmteste Sohn der Stadt Anton Günther geboren. Er begleitete oft seinen Vater in Kneipen, wo jener zum Tanz aufspielte. Als Liedermacher, Dichter und Sänger huldigte Anton Günther mit eingängigen Melodien in Erzgebirgischer Mundart seiner Heimat. Mit der von ihm selbst erfundenen Liedpostkarte gelangten Ohrwürmer wie *Wu da Wälder haamlich rauschen* oder *Arzgebirg, wie bist du schie* rasch in die abgelegensten Dörfer.

Einige Kilometer südlich schmiegt sich Joachimsthal an den steil abfallenden Berghang. In der Enge des Tales erstrahlen viele Häuser in buntem Farbenreigen. Die Tschechen haben ja zuweilen eine Vorliebe für schräge Häusertönungen, da sollte man als Beobachter schon dankbar sein, wenn ein giftgrünes Haus nicht an ein rosafarbenes Gebäude grenzt.

Reiche Silbervorkommen bewirkten vor 500 Jahre ein rasches Aufblühen der Bergstadt, gipfelnd in dem Privileg, Münzen prägen zu dürfen. Aus dem Joachimsthaler entwickelte sich in eingekürzter Namensgebung der Taler und später der Dollar – wir sprechen von Zeiten vor dem 17. Jahrhundert. Als das Silber zur Neige ging, federte die Entdeckung radioaktiver Quellen den Niedergang Joachimsthals ab. 1906 eröffnete das erste Radon-Kurbad der Welt. Das Edelgas wurde der Stadt nach dem Zweiten Weltkrieg insofern zum Verhängnis, als im Zuge des sowjetischen Atomprogramms bis zu 65.000 Zwangsarbeiter in Straflagern eingepfercht wurden, um die Urangruben ohne Rücksicht auf Verluste auszubeuten. Dieses Erbe wirkt bis heute schwer. An der Stadtkirche startet ein Lehrpfad zu den ehemaligen Lagern und Gruben.

Gottesgab macht heutzutage einen sehr gepflegten Eindruck, zwischen den zwei Marktplätzen gibt es eine Flaniermeile mit böhmischen Restaurants.

74

Plešivec, Blatenský vrch und Vlčí jáma
Startpunkt Wanderung Pleßberg – Platten: Aussichtsturm Pleßberg
CZ-36235 Abertamy
(8 Kilometer, 250 Höhenmeter, 3 Stunden)
Rückfahrt per Linienbus, vorher Fahrplan prüfen
www.jizdnirady.idnes.cz

Tourist-Information
Farní 2
CZ-36235 Abertamy
+420 774485111
www.mesto-abertamy.cz

ABWECHSLUNGSREICHE WANDERUNG

Plešivec, Blatenský vrch und Vlčí jáma (Pleßberg, Plattenberg und Wolfspinge)

Der Pleßberg (1.028 Meter) ist insofern ein günstiger Startpunkt für diese Tagestour zu Fuß, als er vom Turm einen guten Überblick über Wiesen und Wälder bietet. Zunächst geht es den grün markierten Wanderweg nordwärts hinab nach Abertamy (Abertham), eine Ortschaft mit frisch renoviertem Marktplatz. Über Wiesen führt der Weg leicht hangaufwärts aus dem Ort heraus, flacher werdend am bewaldeten Lesík (976 Meter) vorbei auf ein Hochplateau.

Auf einer schmalen Asphaltstraße geht es den letzten Kilometer durch hohen Wald zum Plattenberg (1.043 Meter). Er hat schon bessere Zeiten gesehen. Das einstige Berghotel ist längst plattgemacht, der Aussichtsturm mitten im Sommer geschlossen, die Imbissbude verrammelt. So ziehen die Wegweiser meine Aufmerksamkeit auf sich, denn hier beginnt ein Lehrpfad, der zweisprachig einige Montandenkmäler ankündigt. Die Granitplatte, auf der ich stehe, ist von Eisen- und Zinnerzadern durchsetzt, weswegen unsere Vorfahren den Plattenberg wie die Wühlmäuse durchbuddelten. Halden und Pingen sind als Zeugnisse dieser Aktivitäten übrig geblieben. Nach wenigen Hundert Metern führen 63 Stufen steil in einen klaffenden Felsspalt hinunter. Mit jeder Stufe wird es kälter, der Name passt: Eispinge! Die Luftzirkulation ist in dem engen Spalt gleich null, sodass sich Eis und Schnee in der finstren Grotte auch über den Sommer halten können. Vor 200 Jahren gingen sechs Pferdefuhren Höhleneis – in Stroh isoliert – auf die lange Reise nach Leipzig, um bei der Völkerschlacht die Wunden von Verletzten zu kühlen. Als nächster Höhepunkt kommt die Wolfspinge am Wegesrand, von der Aussichtspunkte den Blick in die wilde Schlucht gestatten. Weiter bergab gelangt der Wanderer in die Bergstadt Platten (Horní Blatná), die sich mit ihrem Renaissance-Grundriss und schönem parkartigem Markt den Charme des 16. Jahrhunderts bis heute erhalten konnte.

Hochplateau am Lesík: Vogelbeerbäume stehen Spalier, hohe Gräser wiegen sich im Wind, Fichten rauschen, vom Moor surren Libellen vorbei – es ist eine Idylle.

75

Kloster-Hotel Teplá
CZ-36461 Teplá
+420 608113388
www.hotelklastertepla.cz

Klosterführungen
Museum
+420 353392732
www.klastertepla.cz

ZWEITGRÖSSTE BIBLIOTHEK BÖHMENS

Kloster Teplá

Wenige Kilometer östlich Marienbads liegt diese einzigartige Klosteranlage auf einer Hochebene in 600 Meter Meereshöhe. Warum entstand der Prämonstratenserstift gerade hier? Möglicherweise gaben rein praktische Erwägungen den Ausschlag wie Waldbestand oder Wasserzulauf.

Der reiche Ordenssitz war in seiner über 800-jährigen Geschichte immer wieder Ziel von Plünderungen (zwölf Mal) und Zerstörungen (sechs Mal), die er mit Auferstehungen in noch größerem Prunk und Glanz beantwortete. Der Gründer Hrožnata ging als Märtyrer in die Historie ein, nachdem er von Raubrittern gefangen worden war und seinen Ordensbrüdern verbot, das geforderte Lösegeld für ihn zu zahlen. Lieber verhungerte der böhmische Adlige im Kerker. Er blickt in der prachtvollen Abteikirche bis heute aus einem Gemälde auf seinen eigenen edelsteingeschmückten Sarkophag herab.

Nach dem Dreißigjährigen Krieg entwickelte sich das Kloster zum geistigen, kulturellen und wirtschaftlichen Mittelpunkt der Region. Der Ordensstift veranlasste den Bau von Schulen, Armenhäusern und hob die Leibeigenschaft der Bauern auf. Nach Pilsen entsandte das Kloster Lehrkräfte für das Gymnasium. Ein Klosterarzt errichtete bei der Marienquelle 1818 ein erstes Badehaus – die Geburtsstunde für den später weltbekannten Kurort Marienbad. Goethe besuchte mehrmals Kloster Teplá und schenkte schließlich dem Stiftsmuseum seine komplette Gesteinssammlung. Begeistert dürfte unser Geheimrat von der Bibliothek gewesen sein, die heute um die 100.000 Bände umfasst, darunter eine Bibelübersetzung ins Mittelhochdeutsche vor Luther: der Codex Teplensis.

Seit 1989 pflegen die Prämonstratenser ihr Kloster wieder in Eigenverwaltung, haben durch weltweite Spenden über 20 Millionen Euro in die Sanierung investieren können und so erstrahlt das Kloster auch äußerlich allmählich wieder in altem Glanz.

Es empfiehlt sich zur Abrundung Ihres Klosterbesuches ein Spaziergang durch den schönen 14 Hektar großen Park mit einem See in der Mitte.

76

Spaziergang durch Marienbad

Startpunkt: Tourist Information Marienbad
Hlavní 47/28
CZ-35301 Mariánské Lázně
+420 354622474
www.marianskelazne.cz

GOETHES LETZTE GROSSE LIEBE

Mariánské Lázně (Marienbad)

Als ich Marienbad 1986 das erste Mal sah, war ich sprachlos. In einer runden Talmulde luden ausgedehnte Parkanlagen mit kurzgeschorenen Wiesen und locker dazwischen drapierten Bäumen zum Flanieren ein. Spaziergänger saugten an ihren zierlichen Schnabeltassen. Weiter oben am Berg umringten elegante Gebäude das Grün wie ein edler Reif. Den Horizont dieses dreiflügeligen Talkessels bildeten dunkle Gebirgswellen aus Fichten- und Tannenwäldern. Die verzaubernde Atmosphäre des Kurbades macht mich seit jenen fernen Jugendjahren schwach. Als Krönung Marienbades gilt der Singende Brunnen vor den Arkaden. Es ist das genialste Wasserfontänenspiel, das mir jemals auf der Welt begegnet ist. Pünktlich zum Stundenschlag beginnt sich eine Melodie aus verborgenen Lautsprechern über die Köpfe hinauszuschwingen, Ohrwürmer von den brillantesten Komponisten aus Böhmen wie Bedřich Smetana, Antonín Dvořák und Karel Zich. Im Rhythmus der Musik tanzen die Fontänen nach einer perfekt programmierten Choreografie. Abends ist das Spektakel besonders reizvoll, wenn Scheinwerfer Tausende sprühende Wassertropfen illuminieren. Schöner kann ein Tag nicht zu Ende gehen …

Schöner als mit Marienbad kann auch kein Reisebuch zu Ende gehen. Natürlich war auch Goethe hier und nicht zu knapp: Zusammengenommen hat er über drei Jahre seines Lebens in Böhmen verbracht, für Marienbad sind einige Kuren verbürgt, in denen er, inzwischen über 70, sich in die blutjunge Ulrike von Levetzow verliebt hatte. Seinen Heiratsantrag lehnte sie ab. Martin Walser hat in seinem Roman *Ein liebender Mann* ein wohlwollendes Abbild dieser Romanze gezeichnet. Ulrike von Levetzow heiratete übrigens nie, lebte zurückgezogen auf ihrem Landsitz in Třebívlice und wurde über 90 Jahre alt. Auf die häufig gestellte Frage nach ihrer Beziehung zu Goethe antwortete sie so wunderbar rätselhaft: »Keine Liebe war es nicht.«

Auf der Hin- oder Rückfahrt sollten Sie etwas Zeit für die malerische Kleinstadt Loket bei Karlsbad einplanen, die von der Eger wie ein Omega umschlungen wird.

Grenzübergang bei Deutschgeorgenthal

GRENZHOF
ČESKY
JIŘETÍN
S 211
Umleitung
Un

RAUS AUS DEM KESSEL!

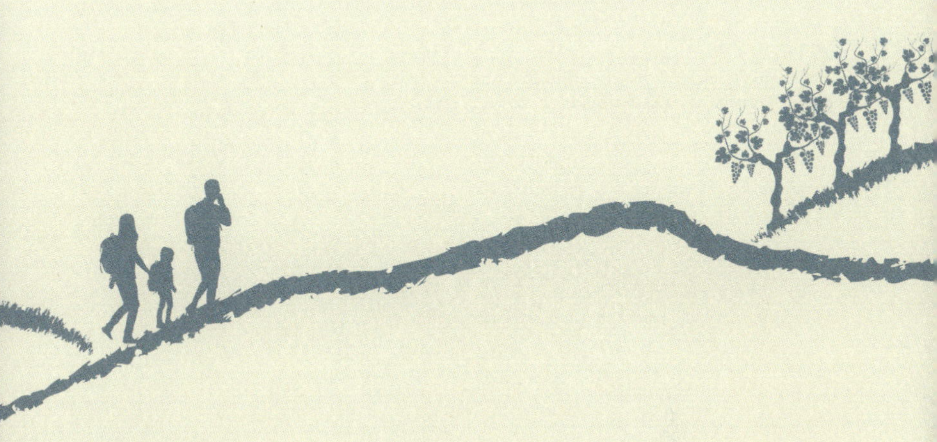

Jan Hübler / Kirsten Balbig
Rund um Dresden
192 Seiten, 14 x 21 cm
Klappenbroschur
ISBN 978-3-8392-2624-7
€ 17,00 [D] / € 17,50 [A]

Von erloschenen Vulkankegeln bis zu Bergwerksstollen tief unter der Erde, von seenreichen Urstromtälern bis in wildromantische Schluchten: Die Region rund um Dresden bietet in allen vier Himmelsrichtungen erstaunlich konträre Landschaften. Begleiten Sie Jan Hübler und Kirsten Balbig zu ihren Lieblingsplätzen quer durch die Ober- und Niederlausitz, das Erzgebirge, die Sächsische Schweiz und für einige Abstecher in das nahe Böhmen. Lassen Sie an versteckten Orten, malerischen Schlössern und stillen Ufern die Seele baumeln oder von einzigartigen Sandsteinmassiven den Blick weit ins Land schweifen.

ALLE LIEFERBAREN Lieblings-plätze

ISBN 978-3-8392-0044-5

ISBN 978-3-8392-2730-5

ISBN 978-3-8392-2613-1

ISBN 978-3-8392-2837-1

ISBN 978-3-8392-2616-2

ISBN 978-3-8392-2632-2

ISBN 978-3-8392-2733-6

ISBN 978-3-8392-2731-2

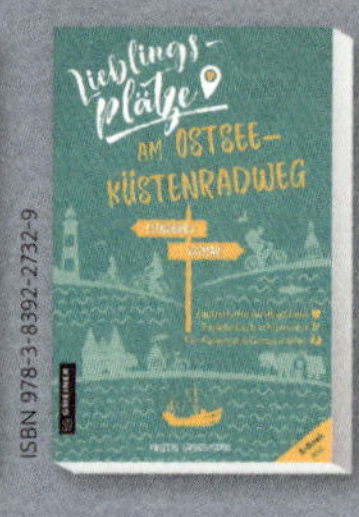

ISBN 978-3-8392-2732-9

ISBN 978-3-8392-2628-5

ISBN 978-3-8392-2621-6

ISBN 978-3-8392-2885-2

ISBN 978-3-8392-2625-4

ISBN 978-3-8392-2838-8

ISBN 978-3-8392-2630-8

ISBN 978-3-8392-2631-5

ISBN 978-3-8392-2928-5

ISBN 978-3-8392-2929-3

ISBN 978-3-8392-2932-3

ISBN 978-3-8392-2931-6

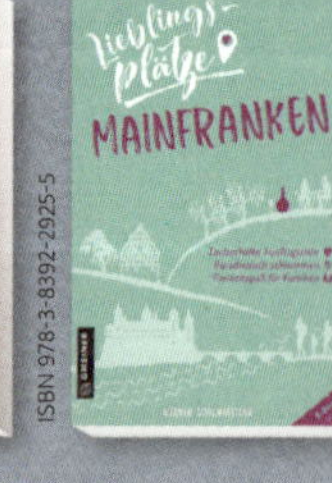

ISBN 978-3-8392-2925-5

ISBN 978-3-8392-2619-3

ISBN 978-3-8392-2618-6

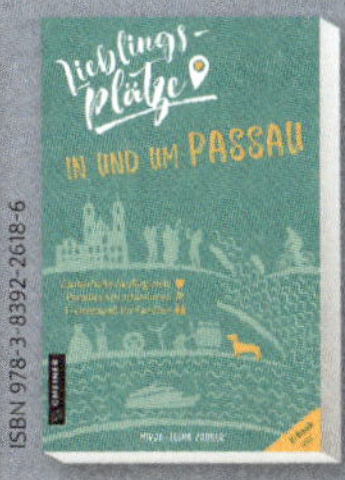

ISBN 978-3-8392-2615-5

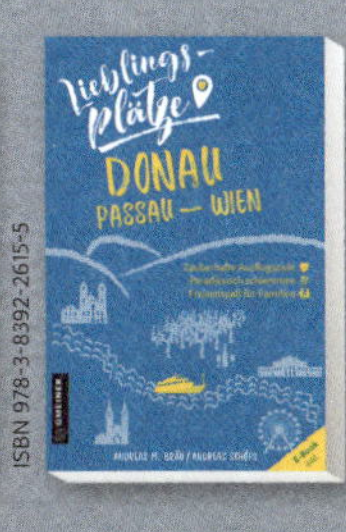

ISBN 978-3-8392-2629-2

ISBN 978-3-8392-2627-8

ISBN 978-3-8392-2617-9

ISBN 978-3-8392-2635-3

ISBN 978-3-8392-2633-9

ISBN 978-3-8392-2405-2

ISBN 978-3-8392-2614-8

ISBN 978-3-8392-2839-5

ISBN 978-3-8392-2624-7

ISBN 978-3-8392-2611-7

ISBN 978-3-8392-2545-5

ISBN 978-3-8392-2620-9

ISBN 978-3-8392-2634-6

ISBN 978-3-8392-2927-9

ISBN 978-3-8392-2926-2

ISBN 978-3-8392-2924-8

ISBN 978-3-8392-0043-8

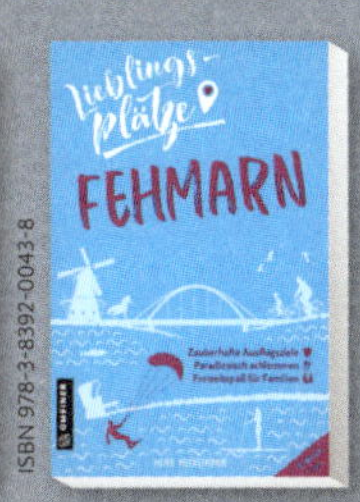

KRIMIS AUS DER REGION

Böschen,
Träume von Freiheit – Ferner Horizont
978-3-8392-2863-0

Grüneberger,
Herbstjahr
978-3-8392-2483-0

Prescher/Porath,
Mörderische Sächsische Schweiz
978-3-8392-2064-1

Puhlfürst,
Mords-Sachsen 1
978-3-8392-2512-7

Siemon,
Als es Nacht war in Dresden
978-3-8392-1342-1

Steps/Schwarz,
Mörderisches Vogtland
978-3-8392-0059-9